Adoniran batucando numa caixa de
fósforo: o improviso e a espontaneidade
sempre foram os intrumentos prediletos.

Adoniran

·PAULICÉIA·

Coordenação Emir Sader
Conselho editorial Gilberto Maringoni
Ivana Jinkings
Nelson Schapochnik
Vladimir Sacchetta

A imagem de São Paulo se modifica conforme as lentes que utilizamos. O sonhado e o real, o desejado e o rejeitado, o vivido e o simbolizado, o cantado e o pintado, o desvairado e o cotidiano – múltiplas facetas de uma cidade-país – serão retratados nesta coleção. São quatro séries, que buscam montar um painel das infinitas visões paulistas: Retrato (perfis de personalidades que nasceram, viveram ou eternizaram suas obras em São Paulo), Memória (eventos políticos, sociais e culturais que tiveram importância no Estado ou na capital), Letras (resgate de obras – sobretudo de ficção – de temática paulista, há muito esgotadas ou nunca publicadas em livro) e Trilhas (histórias dos bairros ou de regiões do Estado).

Para tanto, foram selecionados autores, fenômenos e espaços que permitam a nosso olhar atravessar o extenso caleidoscópio humano desta terra e tentar compreender, em sua rica diversidade e em toda sua teia de contradições, os mil tons e subtons da Paulicéia.

Flávio Moura • André Nigri

Adoniran
se o senhor não tá lembrado

© 2002, Flávio Moura e André Nigri
©2002 desta edição, Boitempo Editorial

·PAULICÉIA·

ADONIRAN
se o senhor não tá lembrado

Coordenação editorial	Ivana Jinkings
Assistente	Sandra Brazil
Coordenação de produção	Livia Campos
Preparação	Antonio Carlos Olivieri
Revisão	Letícia Braun Shirley Gomes
Capa	Andrei Polessi
Projeto gráfico	Antonio Kehl
Diagramação	Gapp design
Tratamento de imagens	Antonio Kehl Renata Alcides

ISBN 85-7559-018-9

Nenhuma parte deste livro pode ser utilizada ou reproduzida
sem a expressa autorização da editora.

1ª edição: dezembro de 2002

BOITEMPO EDITORIAL
Jinkings Editores Associados Ltda.
Rua Pereira Leite, 373
05442-000 São Paulo SP
Tel./fax: (11) 3875-7250 / 3875-7285
editor@boitempoeditorial.com.br | www.boitempoeditorial.com.br
www.blogdaboitempo.com.br | www.facebook.com/boitempo
www.twitter.com/editoraboitempo | www.youtube.com/tvboitempo

Sumário

Fora de campo 9

Partida 15

Joanin e Bananére 21

Embaralhando as letras 27

Em reformas 33

Rádios e revoltas 41

Iodalb é o seu atento zelador 51

Oswaldo, o escrevinhador 59

Saudade da maloca 77

Histórias das malocas 87

Ele mora no Brás (mas não organizou samba nenhum) 93

Bom dia, Vinicius 99

Pogréssio 107

Só amanhã de manhã 115

Brasa acesa 121

"É isso. O resto, você inventa aí." 131

Anexos 139

Fora de campo

Na juventude, Adoniran jogava futebol com os funcionários da Record. Chegou até a fazer gol do meio de campo. Muitos tempo depois, na comemoração dos seus 70 anos, ele entraria em campo novamente.

Sem tirar o chapéu, Adoniran Barbosa dá início à partida com um chute displicente e retorna à lateral do campo. Com o olhar perdido no fundo do copo, ele parece mais preocupado em beber seu uísque do que com o resultado do confronto entre o time dos Namorados da Noite, de Toquinho e Carlinhos Vergueiro, e a equipe adversária, formada por músicos e funcionários da gravadora Odeon.

Ao lado do compositor, dezenas de pessoas ajeitavam-se nas arquibancadas do estádio do Juventus, time do bairro paulistano da Mooca, para assistir ao jogo. Não porque estivessem ansiosas pelos dribles dos jogadores de fim de semana, mas para homenagear aquele sambista que, quatro dias antes, em 6 de agosto de 1980, completara 70 anos.

Encerrada às 15h, com o placar de 5 a 1 para o Namorados, a partida era apenas um dos eventos daquele domingo. Pela manhã, na igreja de Nossa Senhora de Aquiropita, o padre Aloísio Hilário de Pinho rezara uma missa em homenagem a ele. A família, os colegas de profissão, os membros da associação de amigos do bairro e os funcionários da Odeon, atentos às palavras do vigário, não pareciam incomodados com a falta de jeito do homenageado, que ficava sentado quando os outros se levantavam e levantava quando os outros se sentavam.

Às 17h, na praça Dom Orione, localizada no mesmo bairro da igreja, o Bexiga, Adoniran faria um show ao lado de músicos convidados. A maior parte do público saiu do estádio e foi almoçar numa churrascaria das redondezas. O sambista preferiu ir à casa de uma sobrinha, onde poderia "tirar uma soneca" antes da apresentação. Às 18h40, com o show já iniciado e os amigos certos de que ele desistira de vir, o aniversariante apareceu.

No palco estavam, entre outros, Jair Rodrigues, Renato Teixeira, Celso Machado e Rosa Maria. Após cantar "Torresmo à milanesa" ao lado de Clementina de Jesus, Adoniran sentou-se numa cadeira nos fundos do palanque improvisado e, pacientemente, esperou a apresentação terminar.

Para a audiência pouco numerosa, formada basicamente de jovens encapotados que se dispuseram a enfrentar a tarde fria e chuvosa, devia ser difícil acreditar que aquele senhor de bigodes e chapéu, vestido num paletó xadrez de veludo, calça cinza, camisa clara, colete amarelo e com olhar perdido no infinito, fosse o motivo da celebração.

E no entanto não é complicado compreender que Adoniran tivesse dificuldades em se mostrar exultante. Depois de quase cinqüenta anos de carreira, fazia pouquíssimo tempo que começara a ter o trabalho reconhecido. Foi só em 1973, quando Gal Costa gravou "Trem das onze" numa apresentação no Anhembi, em São Paulo, e depois em 1974, quando o produtor João Carlos Botezelli, o Pelão, tirou o compositor do limbo ao gravar canções suas num LP, que a crítica, os músicos e o público de maneira geral começaram a reconhecer que, sim, Adoniran de fato era um artista digno de figurar no panteão da música popular brasileira.

Tendo escrito a maior parte de seus sucessos na década de 1950 (a exceção é "Trem das onze", que apareceu em 1965),

Adoniran não podia mesmo entender por que razão aquelas mesmas músicas despertavam interesse tantos anos depois. "Por que vocês não vieram me procurar vinte anos atrás?", costumava perguntar aos jornalistas.

Agora era tarde. Sua trajetória, da infância de biscates ao ingresso no rádio, com direito a bicos na televisão, no cinema e até no circo, acumulara reveses demais para que ele pudesse se deslumbrar com demonstrações tardias de reconhecimento.

Em 1978, a respeito da homenagem que a escola de samba Pérola Negra, de São Paulo, lhe fizera no carnaval daquele ano, o sambista declarou: "Eu não senti nada. Eu sofri tanto que estou calejado. Pra mim tudo é bom. Não sofri, não senti nada. Pode me homenagear quanto quiser que tudo bem. Não tenho emoção nenhuma". Envolto numa carapaça de resignação, o sambista estava impermeável aos elogios.

Dois anos depois, na festa pelos 70 anos, o teor das declarações era o mesmo. "Não sinto nada, é tudo a mesma coisa." Sentado naquele palco improvisado, paralisado entre a celebração e um inevitável sentimento de anacronismo, Adoniran parecia não reconhecer as pessoas e a cidade que vinham celebrar seu aniversário. Em certo sentido, tinha razão. A São Paulo que lhe homenageava era outra, bem diferente da que ficou retratada naqueles seus primorosos sambas, enfim redescobertos.

Partida

Mesmo grávida de Antonia Helena,
irmã mais velha de Adoniran, Emma
Riccini aceita a sugestão de Fernando
Rubinato e concorda em enfrentar a
árdua travessia até o Brasil.

Fernando Rubinato e Emma Riccini estavam decididos a partir de Cavárzere, pequena cidade de 15 mil habitantes entre Pádua, Rovigo e Veneza, no nordeste italiano. Dezenas de parentes dos Rubinato haviam deixado o Vêneto nas décadas anteriores. A maior parte pegara o vapor para o Brasil, rumo ao porto de Santos, de onde eram encaminhados para fazendas "prósperas e de clima ameno, onde em pouco tempo poderiam tornar-se senhores de glebas verdejantes", como dizia a propaganda dos agenciadores que infestavam ruas e praças das cidades européias. Isso acontecia desde que o governo brasileiro passara a incrementar a importação de mão-de-obra estrangeira, atendendo à elite formada pelos barões do café, sobretudo de São Paulo.

Quando Emma e Fernando decidiram juntar o pouco que tinham e partir para Gênova, de onde iniciariam sua viagem, de vapor, para o Novo mundo, repetiam os passos de milhões de europeus que, pelo menos desde 1830, procuravam fugir da fome e da miséria geradas por uma radical reestruturação do

A d o n i r a n   17

sistema econômico mundial. Mais de 50 milhões de europeus – quase a população atual da Itália – trocaram o velho continente pelas Américas. Desse contingente, onze milhões vieram para a América Latina, sendo 28 por cento de espanhóis e 11 por cento de portugueses. Mas os mais numerosos eram mesmo os italianos, que correspondiam a 38 por cento do total de imigrantes. Dentro da Itália, uma das regiões que contribuíram com maior fluxo de trabalhadores foi justamente o Vêneto, de onde saíram 30 por cento do total de imigrantes italianos para o Brasil.

Quando o jovem casal Rubinato resolveu arrumar as malas, a única alimentação da classe rural não passava de polenta, uma vez que a carne de vaca era um mito e o pão de farinha de trigo estava longe de ser uma iguaria acessível a todos. Fernando, apesar de sua origem camponesa, já podia ambicionar uma dieta menos frugal. Habituado à vida nas cidades, ele especializara-se em fabricar sabonetes. Mas, assim como a maioria dos jovens de Cavárzere, não encontrava trabalho. Como vários membros de sua família tinham partido, não foi difícil convencer a jovem Emma Riccini a embarcar para o Brasil, mesmo grávida de Antonia Helena, a primeira dos sete filhos que o casal teria do outro lado do Atlântico.

O pacote até o Brasil era previamente combinado com os agenciadores. Embora se soubesse que a maior parte deles estava mais interessada em extorquir que ajudar, os emigrantes quase sempre se tornavam reféns em suas mãos. Os agenciadores combinavam a data para que seus clientes chegassem a Gênova e imediatamente embarcassem. Mas, quando chegavam, havia sempre a desculpa de que os vapores estavam cheios e que era preciso esperar um ou dois dias até conseguir uma vaga na segunda ou terceira classe, o que significava novas despesas de alimentação e hospedagem.

Emma e Fernando subiram no vapor Espagne no verão de 1895 e foram amontoados no navio com mais duas mil e quinhentas pessoas. A maior parte dos emigrados vinha do Vêneto ou da Campânia, no Sul da Itália, mas eram comuns as escalas em Barcelona e na ilha da Madeira, para que embarcassem espanhóis e portugueses. As rixas entre os italianos do Sul e do Norte faziam parte da rotina a bordo. Os primeiros reclamavam da soberba dos últimos, que por sua vez consideravam os napolitanos porcos que assoavam o nariz com as mãos, catavam piolhos e coçavam-se sem parar.

De Gênova até Santos, a viagem durava de quinze a trinta dias – dependendo das escalas. Nos navios dormia-se em beliches de quatro andares, com colchões sujos, sem lençóis ou cobertas, e se comia salsicha, presunto e ovos. Filas imensas se formavam à frente do único bebedouro com água potável. Ainda assim, o capitão da embarcação obrigava os passageiros a assinar um papel no qual se dizia que as condições e o tratamento a bordo eram excelentes.

Não é provável que Fernando e Emma soubessem exatamente onde se fixariam assim que chegassem ao Brasil. Após uma breve estadia na cidade de Tietê – onde nasceu Antonia Helena, em 1896 –, mudaram-se para Valinhos, subdistrito de Campinas que àquela altura ganhara já o feitio de um *paese* – uma cidade peninsular, diante do grande número de imigrantes italianos que abrigava. A pequena vila contava menos de mil habitantes, dos quais 90 por cento de origem italiana, e era formada por meia dúzia de ruas que desembocavam no largo da extinta igreja de São Sebastião. No mesmo largo, localizava-se a estação ferroviária.

O casal Rubinato se ajeitou em uma pequena casa de colonos no bairro do Lenheiro. Ao contrário da maior parte dos conterrâneos, que se dirigia para as fazendas de café, Fernando procurou empregar-se em uma fábrica.

Embora estivesse nas mãos dos italianos nos últimos anos do século XIX e nas primeiras décadas do XX, Valinhos não escapava do sistema oligárquico que predominava na Primeira República brasileira, regime implantado apenas sete anos antes do desembarque dos Rubinato. Tudo funcionava como na época do Império e no período colonial. O poder econômico e político concentrava-se nas mãos de poucas famílias. No caso de Valinhos, apenas os sobrenomes eram diferentes. Um dos clãs mais poderosos era o dos Spadaccia, chefiado pelo dono da maior indústria da vila – uma olaria. Foi lá que, depois de batalhar um bocado, Fernando conseguiu emprego.

Antonia Helena, ou Nena, tinha 14 anos quando o último filho de Emma, João Rubinato, nasceu. A distância fez com que ela se ocupasse do menino mais como filho do que como irmão. Antes de João, seguiram-se, por ordem de chegada, Francisco (morto ainda criança), Alice, Ângelo, outro Francisco e Ainez.

Não há nenhum registro de músico ou artista na árvore genealógica dos Rubinato. Nenhum dos filhos de Emma e Fernando jamais manifestou qualquer veleidade artística. Nenhum exceto o último, nascido no dia 6 de agosto de 1910, pelas mãos da parteira Antoniase. Ele se tornaria o compositor, cantor e ator consagrado com o pseudônimo de Adoniran Barbosa.

Joanin e Bananére

Adoniran (dir.) ao lado do irmão Ângelo:
ainda na adolescência, ele já se virava para
ganhar uns trocados como varredor de
fiação numa fábrica de tecidos ou como
almoxarife de indústria metalúrgica.

Em 1910 – ano de nascimento de Adoniran Barbosa –, o Brasil estava sob a batuta do presidente Nilo Peçanha na política e a de Ernesto Nazareth na música. O primeiro governava um país agrário de 23 milhões de habitantes, 15,5 milhões dos quais fixados no campo, enquanto o segundo começava a enterrar a modinha, gênero lírico e sentimental que havia sobrevivido por mais de dois séculos no cancioneiro nacional.

As ruas do Rio de Janeiro se alargavam para dar lugar a avenidas e bulevares à moda parisiense, como desejava a elite afrancesada da Primeira República. Nos becos, trabalhadores e desocupados se amontoavam em cortiços. Atento às transformações da cidade, Nazareth aguçava os ouvidos para as canções assobiadas e cantadas nas ruas, genericamente reunidas sob o rótulo de chorões. O compositor transpunha essas melodias populares para o piano e dava a elas um tratamento erudito suficiente para não ferir a sofisticada audição dos bem-nascidos dos salões. Ao lado de Chiquinha Gonzaga, aliás Francisca Edwiges Neves Gonzaga, primeira figura feminina a se destacar na música popular brasileira, e Anacleto de Medeiros, instrumentista eclético e organizador de bandas, Nazareth era o que de mais novo e criativo existia no então acanhado universo musical brasileiro.

Nazareth emplacou grandes sucessos numa época em que o rádio ainda era muito caro, e o disco, privilégio de pouca gente. "Odeon", de Ernesto, era tão popular entre os grã-finos que freqüentavam a confeitaria Colombo, no centro, quanto na distante Jacarepaguá. Mistura de choro com tango, a música estava anos-luz à frente, em termos de novidade musical, de dois outros grandes sucessos de 1910: "Estela", modinha de Abdon Lira e Adelmar Tavares, "Meu casamento", um xote de Pedro Galdino e Gutemberg Cruz, e a polca "Monteiro no sarrilho", de Albertino Pimentel.

No lar dos Rubinato, em Valinhos, era pouco provável que esses sons do Rio fossem ouvidos. A infância de Adoniran era povoada pelas tarantelas e outros ingredientes folclóricos da Itália, como a polenta e a *salsa al pomodoro*.

Não que o garoto João estivesse completamente desconectado do que se passava além do município de Campinas. Valinhos tinha dois cinemas, o cine Spadaccia, dos patrões de seu pai, e o Concon, onde os Peloni e os Gafanhotos, as duas bandas formadas por *oriundi*, ou seja, imigrantes italianos, animavam as sessões dos filmes mudos. Além disso, podia-se ouvir alguma notícia da capital do país e de São Paulo nos treze armazéns de secos e molhados e nos vários botequins da vila. Nessa época, contudo, João estava mais preocupado em correr descalço pelas ruas de terra de Valinhos, jogar bola de meia no terreiro da fábrica de telhas e tijolos dos Spadaccia e mergulhar nas águas claras do ribeirão dos Pinheiros. Como lembraria mais tarde, nas raras vezes em que se referia à cidade natal: "Eu ficava nas ruas da infância, já que naquele tempo não tinha jardim de infância".

O bebê João, ou Joanin, como os familiares e vizinhos de Emma e Fernando gostavam de pronunciar o nome do caçula dos Rubinato — empregando o dialeto vêneto e misturando-o ao português —, ainda sujava as fraldas quando, em São Paulo, um intelectual de família rica resolveu criar um jornal e fundou *O Pirralho*. Oswald de Andrade não era italiano, mas era impossível andar na São Paulo daquele início de século sem esbarrar em sicilianos, napolitanos e venezianos e não se deixar influenciar pela sinfonia de dialetos que falavam. *O Pirralho* deu as caras em agosto de 1911. Era uma publicação que traduzia a influência dos imigrantes na fala e nos costumes da população de São Paulo. Não durou muito, mas o bastante para que, nas páginas do tablóide fundado com o dinheiro do pai do futuro autor de *Serafim Ponte Grande*, surgisse um colunista chamado Juó Bananére.

Bananére, ou melhor, o engenheiro Alexandre Marcondes Machado (1892-1933), foi o criador do modo ítalo-paulista de falar. Em uma época na qual Olavo Bilac e Rui Barbosa lambuzavam a língua de preciosismos e ouropéis, e sobretudo o primeiro alertava para o perigo dos estrangeirismos trazidos pelos imigrantes, Bananére estropiava o português nas páginas de um jornal. Sua principal justificativa para escrever errado, além do humor, era o abismo entre a gramática e a linguagem das ruas: "A artograffia muderna é uma maniera de scrivê, chi a gentil scrive uguali come dice. Per insempio: si a genti dice Capitó, scrive kapitó; si si dice Alengaro, si scrive Lenkaro; si si dice dice, non si dice dice, ma si dice ditche".

Décadas depois, Adoniran Barbosa repetiria mais ou menos a mesma coisa. Em várias entrevistas e depoimentos, gostava de enfatizar a importância de falar errado. "Falo errado porque quero e gosto. Todo mundo fala assim e eu uso no samba sem forçar. Quando eu faço a letra, olho bem e me pergunto: dá pra entender? Dá. Então vai."

Bananére aparecia nas páginas de *O Pirralho* como signatário de uma crônica intitulada "Abax'o Pigues", correlato fônico de "Abaix'o Piques", nome pelo qual, nas primeiras décadas do século passado, era chamado o bairro do Bexiga. O mesmo bairro seria adotado por Adoniran, embora nenhum dos dois jamais tenha morado lá. Recheado de *nonsense* e bom humor, o texto de Bananére tornou-se uma espécie de porta-voz do imigrante italiano em São Paulo.

Seria precipitado considerar Adoniran um seguidor direto de Bananére. Não só porque é pouco provável que tenha lido os textos dele, mas também porque o caipira, o negro e o nordestino têm papel tão importante na composição de sua linguagem quanto o italiano. Estudiosos que tiravam o chapéu para Adoniran, como o crítico literário Antonio Candido e o poeta José Paulo Paes, endossaram essa idéia. Candido chamava a atenção para as "deformações normais de português brasileiro" que via nos sambas do compositor. E Paes, para o "contraste entre a grosseria da paródia semi-erudita assinada com pseudônimo italiano e a finura do humor popularesco assinado com pseudônimo abrasileirado".

Mesmo assim, a identificação com a colônia italiana, a defesa de uma aproximação entre língua escrita e língua falada, a abordagem do cotidiano do trabalhador paulistano e a popularidade obtida entre seus pares permitem que se aproximem as figuras de Bananére e Adoniran.

Embaralhando as letras

No início da década de 1930, quando
essa foto foi tirada, Adoniran (apontando)
matava aula no Liceu de Artes e Ofícios,
no bairro da Luz, e perambulava pelo
centro, onde se concentravam as estações
de rádio da cidade.

No ano em que Adoniran nasceu, São Paulo tinha 300 mil habitantes. Vinte anos antes, eram apenas 65 mil. Essa rápida explosão, que não cessaria ao longo de todo o século, gerava, na mesma velocidade, uma impressionante divisão social. De um lado, os ricos, que construíam suas residências luxuosas na elegante avenida São Luís, no bairro chique dos Campos Elísios, no novíssimo Higienópolis e nas recém-abertas avenidas Paulista e Angélica. De outro, imigrantes, estrangeiros e brasileiros saídos de todos os cantos do país, iam se espalhando pelo Brás, Bexiga, Barra Funda, Casa Verde, Mooca e Bom Retiro, entre outros bairros proletários.

A capital da então Província de São Paulo se modernizava, mas a Valinhos dos Rubinato não oferecia boas perspectivas para a numerosa prole de Fernando e Emma. Em 1918, 23 anos depois de trocar um continente pelo outro, o casal e os seis filhos esvaziaram a pequena casa do Lenheiro, acomodaram-se em uma carroça e tocaram pela estradinha de terra em direção a Jundiaí – Adoniran, então com 8 anos e metido solenemente em um terninho de fustão de calças curtas, ficava mais próximo de São Paulo, cidade de que, mais tarde, se tornaria sua mais perfeita tradução musical.

Emma e Fernando assistiam consternados à Primeira Guerra Mundial, que ia para o quarto ano em 1918. A situação no Brasil não era tão grave como na Europa, mas as tensões aumentavam, na mesma proporção da explosão demográfica de São Paulo, que contabilizava 500 mil habitantes. E não parava de chegar gente. A maioria agora era de nordestinos, que deixavam para trás uma das piores secas de sua história. Outro sintoma do mal-estar social eram as greves que estouravam na cidade, muitas lideradas por anarco-sindicalistas conterrâneos de Fernando Rubinato.

A música brasileira também entrava em outro ritmo. O ano de 1917 tornou-se um marco dessa virada com o sucesso do samba "Pelo telefone", lançado em disco pela Odeon no final do ano anterior. Quase tudo nesse samba é motivo de discussão, e pouquíssimas músicas tiveram a paternidade tão contestada. Por fim atribuída a Donga e Mauro de Almeida, "Pelo telefone" teve papel crucial para a popularização da marchinha, logo consagrada como música por excelência do carnaval. Seria nesse gênero que Adoniran Barbosa, alguns anos mais tarde, iria embarcar.

Por ora, no entanto, ele tinha preocupações mais urgentes. Mergulhar nas águas do rio Jundiaí, por exemplo. Era assim que ele escapava das torturas das salas de aula do Grupo Escolar Coronel Siqueira Morais, onde a irmã mais velha, a Nena, o havia matriculado. Era ela também quem arrancava o garoto da cama bem cedo, no apertado quarto que dividia com os outros irmãos na nova casa dos Rubinato, para tentar enfiar-lhe goela abaixo a cartilha do professor João Copic.

A aventura escolar de Adoniran Barbosa foi melancólica e fulminante. Mais tarde ele diria que "fugia da escola, era rebelde demais e por isso apanhava constantemente". Um dos expedientes utilizados pelo *bambino* para matar aula deve ter-lhe custado algum mal-estar estomacal. João simplesmente roía os lápis e devorava as borrachas. Com a desculpa de que o material escolar havia acabado, ele voltava para casa antes que os sinos do Coronel Siqueira Morais anunciassem o fim das aulas. A traquinagem, claro, só deu certo no início, enquanto a mãe e Antônia Helena ingenuamente corriam aos armazéns, contando os trocados do magro orçamento doméstico, para repor o material. No final de cada mês, com a caderneta escolar em branco, restavam ao menino puxões de orelha e sovas de vara de marmelo.

Durou três anos a passagem de Adoniran Barbosa por uma instituição de ensino. Considerando as freqüentes fugas da sala de aula, é provável que João tenha se sentado poucas horas numa carteira escolar. Não demorou para os Rubinato perceberem que o caçula não seria doutor. Para ele, por sinal, a escolaridade seria sempre motivo de chiste, como se vê pelo episódio acontecido muito tempo depois, quando era funcionário contratado da Rádio Record.

Fazia algumas semanas, ele pedira aumento a Paulo Machado de Carvalho, o dono da emissora. Sempre que voltava à sala do chefe — o ritual se repetiu durante vários meses —, ouvia a mesma resposta: "Vou estudar seu pedido, volte em uma semana". Cansado da ladainha, um belo dia ele respondeu: "Bem, então o senhor estude bastante e, quando conseguir se formar, me avise".

Nos três anos seguintes ao abandono da escola e que culminam com a mudança dos Rubinato para Santo André, Adoniran Barbosa iniciou uma trajetória de trabalhos temporários, bicos, biscates e virações. O primeiro trabalho foi ajudar o pai, Fernando, a carregar os trens da São Paulo Railway, mais tarde a ferrovia Santos-Jundiaí, com toros de madeira. Era ele quem todos os dias levava a marmita para o pai. O pagamento, quando havia, era feito em mariolas e em cigarros Yolanda, um estoura-peito que os pais daquela época, além de tragar, costumavam dar aos filhos para que aprendessem a ser homens de verdade. O fedorento Yolanda foi a primeira marca de cigarros que Adoniran Barbosa levou para os pulmões. Nunca largou o vício.

Enquanto Adoniran se virava para ganhar uns trocados como varredor de fiação na Fábrica de Tecidos Japi, em Jundiaí, ou como almoxarife numa indústria metalúrgica, ou até como entregador de marmitas do Hotel Central, o humor ítalo-caipira, inventado por Juó Bananére, conquistava cada vez mais público em São Paulo. Não é improvável que Cornélio Pires, um dos mais importantes representantes do humor paulista naqueles anos, tenha passado pela Jundiaí dos anos 1920. Ele vivia em turnês pelo interior paulista, onde se apresentava em circos, praças e teatros.

Em 1914, esse autodidata nascido no interior de São Paulo, que já tinha sido caixeiro, tipógrafo, oleiro, comerciante, professor, funcionário público e jornalista, começou a se apresentar em público e tornou-se popularíssimo como conferencista de humor — atividade semelhante a que Adoniran exerceria mais tarde, num dos períodos mais difíceis de sua carreira.

Com desenhos de Voltolino — o mesmo ilustrador e parceiro de Juó Bananére —, Pires publicou um livro muito popular na década de 1920. Chamava-se *As estrambóticas aventuras de Joaquim Bentinho*. O caipira Bentinho era um farsista, um mentiroso ao lado de quem Pedro Malasartes pareceria de uma ingenuidade total. O público saía com dor nos maxilares depois de cada apresentação de Pires, que se apoiava na fala do jeca e citava testemunhas — todas já falecidas — para legitimar suas patranhas. Embora só seja lembrado por pesquisadores e historiadores da *belle époque* paulistana, Cornélio Pires é o patriarca de uma linhagem de humoristas que sobrevive até hoje, como o músico e ator Rolando Boldrin, parceiro de Adoniran nas músicas "Eu quero ver quem pode mais" e "Três heróis".

Em busca de um pistolão para estrear no rádio e tirando sarro dos combatentes do movimento constitucionalista.

O ano de 1924, época de mais uma mudança no clã dos Rubinato, foi turbulento para São Paulo. A cada hora, duas casas e meia eram construídas na cidade. A população caminhava para 700 mil habitantes e o povo reclamava da carestia. O quilo do feijão, por exemplo, sofrera um aumento repentino da ordem de 30 por cento. Greves estouravam nas fábricas, muitas lideradas por conterrâneos de Fernando e Emma, genericamente rotulados de anarquistas. No dia 24 de junho daquele ano, *O Estado de S. Paulo* publicava matéria sobre um tema com o qual os brasileiros se habituariam pelo resto do século: uma missão financeira internacional havia visitado o Brasil e anunciado que só liberaria empréstimos se houvesse combate ao déficit público, reformulação no orçamento, redução do funcionalismo, privatizações e facilidades para o capital estrangeiro.

O clima de insatisfação e revolta encorajou um general reformado a liderar um salseiro armado. Isidoro Dias Lopes e seus tenentes exigiam a modernização do Estado e a instituição do voto secreto. Foram para as ruas e a São Paulo da *belle époque* se transformou numa praça de guerra, com armazéns saqueados, fábricas incendiadas e barricadas. O saldo: quinhentos mortos.

Nessa época, João Rubinato já era um virador profissional — aos 14 anos, defendia trocados o suficiente para comprar Yolandas — quando acompanhou, pela última vez, a mudança da família. O destino era Santo André, que, a reboque da capital, começava a se expandir industrialmente. A casa que Fernando havia conseguido representou um avanço em relação ao cortiço de Jundiaí. Ficava na área rural e dava mais espaço e privacidade para o casal e os filhos. Adoniran vivia de biscates. Foi pintor de paredes, mecânico, encanador, tecelão, conferente de mercadorias numa transportadora, mascate de meias, esmerilhador de ferro fundido. Trabalhava em Santo André e em São Paulo, onde ajudou na instalação das cadeiras do elegante cine Alhambra, construído na rua Direita.

Desse período, o bico que ele mais gostava de lembrar foi uma passagem como garçom pela mansão de João Pandiá Calógeras, um civil que foi ministro da Guerra durante a gestão do presidente Epitácio Pessoa. Embora servir à mesa fosse uma das poucas coisas que ele nunca fizera até os 16 anos, Adoniran mentiu para a governanta dos Calógeras afirmando que tinha experiência e conseguiu o emprego. Vestido com um *dinner jacket* engomado por dona Emma, Adoniran começava o dia indo buscar um táxi para o patrão, às sete da manhã, e terminava servindo licores para os convidados da patroa na sala de estar. É claro que durou pouco. Àquela altura, o adolescente João Rubinato já desenvolvera anticorpos poderosos contra qualquer tipo de rotina.

Foi mais ou menos nesses anos, quando ainda não atingira a maioridade, que João Rubinato conheceu o Rio de Janeiro. A capital da República e do samba, para muitos, fazia a capital do café e da garoa parecer uma roça grande povoada por caipiras. O adolescente Rubinato conhecia a capital federal apenas de um álbum de fotografias que sua mãe possuía. Durante a vida adulta pouco se importaria com o Rio de Janeiro, mas naquela época ele daria tudo para conhecer o Pão de Açúcar e o Corcovado.

Tanto que chegou a pensar em se transferir para o Rio. "Queria arranjar um emprego", diria mais tarde. Empregado como conferente de mercadorias em uma empresa de transportes carioca com filial em São Paulo, ele convenceu um chofer da firma a levá-lo de carona para lá. Deixou São Paulo com apenas dez réis no bolso e a roupa do corpo.

> Cheguei todo sujo e ensebado. Saí pra arrumar emprego e arrumei um pra vender cosmético da Helena "Rubstein". Me deram folhetos, tudo e eu bonitinho, magrinho, saí com aqueles papéis pra rua, e, em todas as casas que eu ia, a situação era uma beleza, né? Eu ia oferecer, então me diziam: "Muito obrigada, não, não queremos nada". Não queriam nem falar comigo! Um cara sujo vendendo cosméticos? E eu andava. De noite, cansado, ia pra garagem dormir no caminhão. Chegava na garagem, tirava minha camisa, lavava no tanque com sabão de cinza, lavava bem, punha no radiador do caminhão pra secar e dormia no lastro do caminhão. Na carroceria. Saía pra rua outra vez no dia seguinte. [...] Ah, eu andava com uma dor de cabeça de dormir na madeira, começou a me doer tudo. Falei pro chofer quando é que vai voltar pra São Paulo. Ele disse: "hoje". Ah, pra voltar vendi o álbum de fotografias. Vendi aqui em São Paulo, voltei com ele do Rio. Vendi pra voltar pra Santo André.

Talvez tenha sido em razão dessa experiência que Adoniran Barbosa nunca mais demonstrasse afeição pelo Rio de Janeiro. Chegou a recusar inúmeros convites para lá se apresentar, fato que reforçou a tese do Fla x Flu entre as duas cidades e alimentou a discussão sobre as diferenças entre o samba paulista e o carioca. Numa das vezes em que foi à cidade, respondeu ao repórter que lhe pedia comentários sobre o Rio: "só vejo buraco e assaltante".

Em relação à capital paulista, ocorria o contrário. À medida que a maioridade se aproximava, Adoniran sentia-se mais à vontade para pegar o trem na estação da Railway em Santo André e descer em São Paulo. A cidade o deslumbrava e se transformava. Nos últimos anos da década de 1920 e nos primeiros da de 1930, São Paulo ganhava ares europeus e era um permanente canteiro de obras.

O centro era o alvo principal dos prefeitos-engenheiros, uma linhagem político-administrativa que deitaria raízes fundas na capital. O vale do Anhangabaú transformara-se num belo parque em estilo francês. Em 1929, um ano depois de Adoniran mudar-se para Santo André e passar a freqüentar São Paulo, foi erguido o prédio da Light, próximo ao Teatro Municipal. O mesmo que vira, sete anos antes, um grupo de jovens literatos, músicos e artistas plásticos tomar seu *foyer*, escadarias e palco para as *soirées* da Semana de Arte Moderna. O bairro da Bela Vista não parava de crescer em torno do largo do Bexiga. Em 1928, a avenida Pacaembu completava três anos e alguns incorporadores e proprietários faziam em grande estilo o lançamento do bairro de mesmo nome. A praça do Patriarca havia sido entregue à população em 1925. Dois anos mais tarde, a rua Maria Augusta encolhia seu nome para rua Augusta e se preparava para se transformar numa das mais elegantes da cidade. Naqueles anos, os paulistas orgulhavam-se ainda de seu primeiro arranha-céu – ou edifício "arto", como Adoniran cantaria mais tarde: o Edifício Martinelli. Com 26 andares, o prédio era o mais alto da América Latina.

Enquanto o centro se fantasiava de Paris, a periferia não parava de engolir trabalhadores e erguer fábricas, que se espalhavam na mesma velocidade com que os imigrantes desciam de navios e trens para suprir a mão-de-obra da indústria. Muros altos de tijolos e esguias chaminés tomavam os bairros das várzeas, como Brás, Mooca, Belém, Água Branca e Ipiranga, dando a São Paulo o título de maior parque industrial da América do Sul.

Para afrancesar as áreas centrais da cidade, os administradores públicos cometiam razias contra os cortiços – as famosas malocas, mais tarde tematizadas por Adoniran. Famílias inteiras eram convidadas pela polícia a se retirar para locais distantes. Embora Adoniran Barbosa, muito mais tarde, lamentasse a desfiguração da metrópole em nome do progresso, quando conheceu a cidade, ainda como João Rubinato, São Paulo não parava de demolir para construir novas edificações. A ponto de o antropólogo francês Claude Lévi-Strauss, naquela época professor da incipiente Universidade de São Paulo, dizer que a cidade parecia decadente mesmo sendo tão jovem.

Nos longos intervalos dos bicos e das maçantes aulas de metalurgia no Liceu de Artes e Ofícios, localizado no bairro da Luz, onde se matriculara forçado pelo pai, para ver se finalmente conseguia uma profissão decente, João Rubinato era atraído para uma área delimitada pelas avenidas Duque de Caxias, Amaral Gurgel e São Luís e pela rua Santa Ifigênia. Distantes umas das outras por poucos quarteirões, as estações de rádio paulistanas começavam, no início da década de 1930, a atrair fãs como os modernos postes de luz, recém-instalados pela prefeitura, atraíam as mariposas.

Rádios e revoltas

Na foto, ao lado de Nair Belo, o compositor de "Dona Boa" — música vencedora do carnaval de 1936 — conseguiria em seguida o primeiro contrato com uma emissora.

Os anos de 1930 marcaram a ruptura com a República Velha e projetaram um caudilho gaúcho no cenário político – Getúlio Vargas –, em torno de quem girariam as novas composições de força no Brasil até sua morte, em 1954. Para assegurar o apoio das elites paulistas, Getúlio havia prometido uma nova Constituição. Mas a promessa não foi cumprida, e então se desencadeou um levante em São Paulo, que durante alguns meses de 1932 transformou o estado em palco de guerra. Foi durante esse período que o Brasil percebeu como o "sem fio", apelido do rádio naqueles anos, podia ser uma arma de grosso calibre político e cultural.

Nos primeiros anos daquela década – quando Adoniran se enche de coragem e de alguns tragos de pinga com limão para tentar ingressar naquela constelação de astros, radioatores e cantores que as emissoras tornavam conhecidos –, havia em São Paulo dez empresas radiofônicas de prestígio. A virada no processo de reestruturação das rádios aconteceu quando caiu a lei que as obrigava a transmitir uma programação orientada exclusivamente por princípios educacionais. Para os idealizadores do rádio brasileiro, que tinham em Roquete Pinto um modelo, isso significava um desvio imperdoável. Mário de Andrade, que na década de 1930 ocupou um cargo equivalente hoje ao de Secretário Municipal de Cultura, foi um dos que se ressentiram dessa guinada. O escritor desejava dar espaço para músicas do folclore nacional, o verdadeiro, que segundo ele não podia se confundir com as duplas sertanejas que ridicularizavam o caipira e recheavam suas apresentações de humor.

Para os idealistas da primeira geração da radiofonia nacional, as mudanças do jogo podiam ser um tiro fatal em suas aspirações, mas para os donos das emissoras eram a chance de enriquecer e tornar-se influentes. Para gente humilde como João Rubinato, era a oportunidade de ganhar fama e, o que é melhor, dinheiro.

Essas idéias já infestavam a cabeça do jovem de vinte e poucos anos, que havia desistido do Liceu de Ofícios e deixado a casa da família em Santo André. Adoniran vivia agora num quarto de pensão na ladeira Porto Geral, no centro de São Paulo, próximo às estações de rádio. Ganhava a vida como vendedor de tecidos, numa firma atacadista de comerciantes árabes da rua 25 de Março.

Adoniran ensaiava passos tímidos até bater na porta de uma emissora e fazer seu primeiro teste. Em várias entrevistas, ele se lamuriava, dizia que o caminho até o sucesso seria árduo porque ele tinha origem humilde, não era instruído e faltava-lhe um pistolão. Não era diferente, porém, a dificuldade de boa parte dos aspirantes a uma carreira no rádio naquele tempo.

Como perambulava o dia inteiro pela cidade, Adoniran sempre dava um jeito de passar na porta das emissoras e entrar nos bares da região, onde vários artistas batiam ponto. Encostava-se no balcão, pedia uma caninha com limão — seu drinque predileto por quase toda a vida e só abandonado quando pôde bancar doses de Old Eight — e, mais desinibido, se aproximava de algum instrumentista ou funcionário de emissora.

Naquele início do rádio brasileiro, o cantor Mário Reis reinava como um imperador, cercado por uma corte formada por gente como Noel Rosa, Joubert de Carvalho e Ari Barroso. Nas rodas que se formavam nos botecos do largo da Misericórdia, todo mundo que se julgasse com talento para a música — vale dizer, a maioria absoluta — tinha já a forma sonora para moldar suas composições: o samba.

Pareciam séculos, mas só pouquíssimos anos antes a MPB havia se livrado da modinha e do maxixe. Agora livrava-se também daqueles ensurdecedores dós de peito que quebravam cristais. Essa façanha deveu-se principalmente a Mário Reis, que, aproveitando as vantagens oferecidas pela gravação eletromagnética, sacou de suas cordas vocais um som mais natural e espontâneo, sem empostações, para a interpretação da música popular. Mário terraplenou o caminho para uma legião de aspirantes a intérpretes sem voz, ou pelo menos incapazes de arrancar de suas gargantas o *bel canto* italiano, que predominava até então. Adoniran viu ali uma boa oportunidade para soltar a pouca e já rouca voz que possuía. Nessa época chegou também a rabiscar algumas composições, rasgadas em momentos de autocrítica, como "Teu orgulho acabou", gravada mais tarde por Viriato dos Santos, e "Minha vida se consome", por Pedrinho Romano.

A estréia no "sem fio" aconteceria, afinal, mas só em 1933. Antes disso, o rapazola de Valinhos viu o sol nascer quadrado pela primeira vez.

O movimento constitucionalista mobilizou São Paulo inteira. Para os civis, porém, não era prudente, nem se recomendava, sair de casa para acompanhar os lances das escaramuças entre os paulistas e as tropas leais ao governo Vargas. O rádio se incumbiu disso.

Magotes de gente davam cabeçadas para ficar o mais próximo possível dos aparelhos de rádio e ouvir as transmissões e exórdios de César Ladeira, locutor de uma rádio que ganharia grande expressão naqueles anos: a Record.

Fundada em 2 de abril de 1928 pelo advogado e comerciante Álvaro Liberato de Macedo, dono da casa de discos Record, a PRA-R, Rádio Sociedade Record, ficava sediada na praça da República, 17. A programação, levada ao ar em outubro, era exclusivamente musical. Na realidade, o doutor Macedo aproveitava a estação para tocar e fazer propaganda dos discos de sua loja.

Desinteressado de vender as bolachas pesadas com os sucessos de Francisco Alves e Sílvio Caldas e, ao mesmo tempo, administrar um negócio que se profissionalizava rapidamente, Liberato Macedo colocou a PRA-R à venda.

Sem experiência no universo radiofônico, o comprador foi um comerciante, descendente de uma tradicional família paulistana. Paulo Machado de Carvalho entrou no estúdio da Record ao lado do cunhado, João Batista do Amaral, e de um sócio e amigo, Jorge Alves de Lima. A emissora estava fora do ar e tudo o que ele viu foi uma pequena sala com aparelhos de transmissão e, encostado num canto, um piano velho, com a caixa cheia de tampinhas de cerveja.

A Record foi comprada por Machado de Carvalho e seus dois sócios em 1931. Um ano depois, tornou-se precocemente a mais importante emissora de rádio de São Paulo, graças ao tino comercial de Carvalho e a uma invasão de estudantes de direito que protestavam contra a quebra da promessa de Getúlio Vargas.

Um desses estudantes chamava-se César Ladeira. Com um grupo de colegas ele invadiu os estúdios da Record em maio de 1932 e deixou uma declaração para ser lida no ar. No texto, os futuros bacharéis conclamavam o povo de São Paulo a lutar pela mudança da situação política.

Machado de Carvalho abriu os microfones da jovem emissora para os estudantes lerem os manifestos. César Ladeira, com vozeirão inflamado, tornou-se o principal orador do movimento constitucionalista, e a Record uma espécie de porta-voz oficial dos revoltosos. Ao som da marcha militar francesa "Paris Belfort", a Record mantinha-se no ar por 24 horas, durante as quais professores, intelectuais e estudantes berravam palavras de ordem aos ouvintes.

Adoniran percebeu que era bom dar um tempo e não ficar à toa nas ruas durante aqueles dias de conflito, mas seu impulso irrefreável para a gozação acabou levando-o para uma visita à cadeia, depois que ele encontrou um conhecido metido numa farda como voluntário e comentou num chiste: "Tua farda é ridícula, apesar do teu idealismo". Não era comentário que se fizesse em meio aos exaltados revolucionários paulistas....

Em 1933, a poeira já havia baixado, a vida voltara aos eixos e as rádios se tornavam populares. Ao lado da Record, a Sociedade Rádio Cruzeiro do Sul, a PRA-O, que começara a operar em 1927, e, após longa interrupção, iniciou suas irradiações em maio de 1932, era a emissora de maior sucesso na cidade. Entre outras razões para o êxito, contava com um potente transmissor de mil watts e ótimos equipamentos técnicos, graças ao engenheiro Eugene Falkenburg, da Westinghouse, contratado pelo dono da emissora, Alberto Jackson Byington Jr., dono das Casas Byington & Co., firma especializada em importação e comércio de aparelhagem elétrica e equipamentos radiofônicos.

Além disso, a casa era a distribuidora em São Paulo dos aparelhos da Radio Corporation of America, a RCA, e representante comercial no Brasil da Columbia Broadcasting. Byington também era sócio de Wallace Downey, um norte-americano que tinha papel de destaque na Columbia. Juntos, eles formaram a Sonofilmes, uma produtora cinematográfica interessada em levar para as telas a música e os cantores que faziam sucesso no rádio. Em 1929, a Sonofilmes realizou para os paulistanos o milagre de exibir um filme sonoro com cantores de rádio. É paulista, pois, a primeira produção totalmente sonora da história do cinema brasileiro. Chama-se *Acabaram-se os otá-*

rios e foi dirigida por Luís de Barros. Anunciada como uma "supercomédia em seis atos", a fita propunha-se a contar as aventuras de dois caipiras, interpretados pelos comediantes do rádio Genésio Arruda e Tom Bill.

Com o cinema brasileiro profissionalizando-se e recrutando o elenco das rádios, Adoniran, que vivia seus últimos dias como João Rubinato, finalmente entrou em estúdio.

Segundo o próprio Adoniran, quem o encorajou, ou pelo menos deu o sim para que ele pisasse nos estúdios da Cruzeiro do Sul em 1933, foi Roque Ricciardi, produtor musical do *Programa de calouros*, que ia ao ar aos sábados pela voz de Jorge Amaral.

Produtor musical era a função menos conhecida de Ricciardi, àquela altura com 43 anos e um dos maiores sucessos do cenário artístico de São Paulo com o pseudônimo de Paraguaçu. Quando Adoniran o conheceu, ele já tinha gravado vários discos. O primeiro era de 1912, pela Odeon, *Madalena & Mágoas*. Tinha também participado de três filmes, o já mencionado *Acabaram-se os otários*, *Campeão de futebol*, com Genésio Arruda (1931), e *Coisas nossas*, com Procópio Ferreira e Sebastião Arruda (1931). Foi o primeiro cantor de rádio de São Paulo, quando entoou uma seresta no rudimentar microfone na Rádio Educadora. Fazia turnês e era considerado o maior seresteiro do país. A fama de Paraguaçu era tamanha que diziam que seus discos provocavam até suicídios. Em uma dessas histórias, registradas pela crônica policial, conta-se que o padeiro Ramiro Thompson, de 29 anos, saiu de casa para comprar um disco e um revólver. Depois, matou a namorada e suicidou-se com um tiro no peito. Quando arrombaram a porta do quarto da pensão onde morava, na cidade de Limeira, o disco ainda girava no gramofone com a canção "Morrer de amor", de Paraguaçu, sucesso de 1934.

Não é difícil imaginar Adoniran, aos 23 anos, timidamente tentando entrar na roda de Paraguaçu e outros bambas do "sem fio", como o flautista Nicolino Cópia, conhecido como Copinha, e Marcelo Tupinambá, autor de músicas cantadas por Chico Alves e Vicente Celestino. Segundo a versão de Adoniran, ele se aproximou de Paraguaçu e perguntou: "Posso tomar parte no *Programa de calouros?*" Ao que o seresteiro respondeu: "Pode, sim senhor. O senhor apareça lá no sábado".

Na tarde do sábado seguinte, João Rubinato esfregava as mãos e esvaziava a carteira de Yolandas enquanto aguardava ser chamado no ar por Jorge Amaral. Adoniran tinha ensaiado o samba "Se você jurar", sucesso do carnaval carioca de 1931, nas vozes de Francisco Alves e Mário Reis. Era um samba difícil, especialmente na segunda parte, que retorna à primeira através de dois acordes preparatórios de passagem, procedimento pouco comum nas canções da época. Sair-se bem num samba cantado por Chico Alves e Mário Reis não era tarefa fácil para muita gente. Resultado: mal aquele aspirante a cantor entoava os primeiros versos, o temido gongo soou.

Se a primeira experiência de Adoniran atrás de um microfone mandou-o de volta para a rua mais cedo do que ele desejava, serviu pelo menos para fazê-lo ter certeza de que trabalhar dentro de um estúdio, falando e cantando para multidões de ouvintes, era bem melhor do que vender tecidos para os libaneses da 25 de Março.

Reza a lenda que Adoniran voltou repetidos sábados à Cruzeiro do Sul, até que, numa distração de Jorge Amaral, conseguiu chegar ao fim de uma música. O próprio Adoniran alimentava essa história e ainda dizia que foi só quando mudou de nome (isto é, enterrou o João Rubinato e passou a se chamar Adoniran Barbosa) que Paraguaçu, o temido homem do gongo, anunciou seu nome como vencedor pela interpretação de "Filosofia", de Noel Rosa.

Talvez inspirando-se no exemplo do ídolo Paraguaçu, que deixou o nome de batismo só para os familiares do Belenzinho, João Rubinato intuía que precisava de um pseudônimo artístico. Achava que Rubinato até passaria, caso ele fosse um radioator. Mas, como cantor, soava muito distante de um intérprete de samba. Para alguém que desejava ser um Noel Rosa de São Paulo, aquele nome italianado, definitivamente, não era o mais adequado.

A versão mais aceita e plausível para o Barbosa vem de sua admiração pelo sambista carioca Luís Barbosa. Não era só fascínio que o paulista nutria pelo carioca. Adoniran achava genial o modo como ele utilizava o chapéu de palha, transformando-o num instrumento de percussão tão poderoso quanto um tamborim. Barbosa morreu cedo, aos 28 anos, no auge do sucesso. Deixou gravados vinte discos em 78 rotações pela Odeon e pela Victor.

Já a história do prenome Adoniran é mais prosaica. Entre os amigos de boêmia de João Rubinato, havia um funcionário dos correios e telégrafos chamado Adoniran Alves. Naqueles meses de cisma em que a arrancada para o rádio tornara-se um tormento, com o gongo da Cruzeiro do Sul soando até em sonhos, João queixava-se para esse amigo, apontando o nome de batismo como responsável pelo fracasso. Para ajudar o amigo, Adoniran Alves, lá pelas tantas, ofereceu-lhe o seu próprio nome emprestado. O futuro cantor e compositor ficou com a sugestão martelando em sua cabeça até aparecer, no largo da Misericórdia, com a nova identidade.

Com o inseparável cigarro: mesmo
com a voz prejudicada e um
enfisema em estágio avançado, ele
nunca abandonaria o vício.

Com a lei de publicidade de 1932, as portas do mercado se escancararam para as emissoras, que saíram atrás de patrocinadores. Muitos dos novos programas levavam o nome do anunciante. Era de se esperar que o espaço publicitário estivesse a cargo exclusivamente dos departamentos comerciais, mas naquele período, em que ainda usavam fraldas, as estações não tinham tal departamento. Para contornar a situação, criaram a figura do disc-jóquei, uma mistura de garoto-propaganda e apresentador.

Trocar as entregas da 25 de Março por esporádicas apresentações no rádio estava longe de representar independência financeira para Adoniran Barbosa, mas ao menos a nova atividade tinha mais *glamour* e ele podia forçar a barra e se considerar um membro daquela constelação que freqüentava os cafés e bares do largo Paissandu.

Com a vitória no programa de Jorge Amaral, ele voltou algumas vezes a ser convidado para cantar. A cada apresentação, embolsava 25 mil réis, uma mixaria incapaz de fazer frente ao filé com fritas do Bar Natal, na praça Dom José Gaspar, um ninho de artistas de teatro como Mesquitinha, Jaime Costa e Procópio Ferreira. O esquálido cachê também era insuficiente para garantir um quarto num dos inúmeros muquifos do centro.

Adoniran tinha acumulado alguma experiência com os sírios e libaneses da 25 de Março e isso o ajudou a ter um mínimo de tino comercial. Apenas com a voz, por mais que ele não quisesse se convencer disso, seria difícil passar de programas de calouros e vir a integrar o *broadcasting*. Mas, como disc-jóquei, ele poderia pavimentar o caminho para se tornar ator — a carreira que mais desejava e desejou durante toda a vida.

Na Cruzeiro do Sul, tanto insistiu vendendo "reclames", como se chamavam os comerciais de então, que terminou titular do programa *Classificador*, um título nada convidativo para quem pretendia alternar sucessos de Chico Alves, Sílvio Caldas e Ari Barroso com mensagens publicitárias de panacéias farmacológicas como Iodalb: "Se o coração é fonte de vida, Iodalb é o seu atento zelador. Iodalb prolonga a vida, evita a arteriosclerose. Deve ser usado anos a fio. Um produto do laboratório Raul Leite, do Rio de Janeiro". O *Classificador* ia ao ar pelas manhãs. À tarde, Adoniran apresentava outro programa de formato parecido, o *Sossega leão*.

A maior parte das composições de Adoniran dessa época não sobreviveu. Seus temas não diferiam dos de outros inúmeros compositores: crônicas amorosas, muitas vezes trágicas e sempre infelizes, tendo como moldura a cidade de São Paulo. Ele próprio, mesmo a contragosto, reconheceu o samba "Dona boa", de 1934, como sua primeira música.

Essa ingênua marchinha, composta por Adoniran em cima de uma melodia de J. Aimberê, foi mais longe do que seus autores previam. Em 1935, a Prefeitura de São Paulo abriu um concurso para premiar a melhor música de carnaval daquele ano. Concursos desse tipo tornavam-se comuns no Rio, revelando talentos como os de Ari Barroso, Noel Rosa e Chico Alves, entre outros.

São Paulo procurava seguir o exemplo e estabeleceu para aquele ano um prêmio de 500 mil réis, quantia razoável, que equivalia a cerca de vinte cachês no *Classificador*.

"Dona boa" foi inscrita e interpretada no início de 1936 pelo carioca Januário de Oliveira, seresteiro que havia trocado o Rio por São Paulo e que curiosamente se aproximara dos modernistas. Além de ter animado um baile em homenagem ao movimento antropofágico no final da década de 1920, chegou a gravar um disco em 78 rotações reverenciando a pintora Tarsila do Amaral.

O fato de contar com Januário de Oliveira como intérprete prova que Adoniran gozava de certo prestígio naquele início de carreira. Em 1935, ano em que ele e J. Aimberê o convidaram para cantar "Dona boa" para o concurso da Prefeitura, Oliveira apresentava o programa de maior sucesso do rádio paulista – o *Programa da saudade*, na Rádio Difusora.

"Dona boa" estava milhares de quilômetros distante das composições maduras de Adoniran – ele próprio se referiu a ela como uma "belíssima droga" mais tarde –, mas o sucesso levou-o a assinar o primeiro contrato sério com uma emissora. A contratante, administrada por Breno Rossi, era a Rádio São Paulo – a mesma que hospedava Alvarenga e Ranchinho, os vice-campeões daquele distante carnaval.

No folclore da praça da Sé consta que os 250 mil réis – a metade da bolada do prêmio que cabia a Adoniran –, foram bebidos num dos muitos botecos da região. Teriam sobrado vinte mil réis, quantia suficiente apenas para que o cantor saldasse uma dívida com o alfaiate, a quem havia encomendado um terno. Adoniran também gostava de brincar dizendo que de uma hora para outra descobriu uma legião de amigos: "Puxa vida, ganhei muito dinheiro. Nunca tive amigos, naquele dia arranjei quinhentos amigos. Cada um queria dez tostões".

A vinheta da Rádio São Paulo, depois do contrato com o campeão do carnaval paulista, apresentava em grande estilo as mais novas aquisições para o elenco da emissora: "O baralho tem um ás de ouro; a Rádio São Paulo tem três: Adoniran, Alvarenga e Ranchinho".

Além de ter seu próprio número musical na PRA-5, "a estação que cresce com São Paulo", finalmente Adoniran conseguiu gravar seu primeiro disco em 78 rotações. *Agora podes chorar* (Columbia, número 8171) apareceu no início de 1936. O samba ("Chora, chora/Quem te ensinou a sofrer não fui eu/ Chora, chora/porque o nosso amor morreu") foi gravado com acompanhamento da orquestra do maestro José Nicolini, um dos muitos músicos de formação erudita que as estações mantinham em seus elencos.

O contrato com a emissora de Breno Rossi, localizada a poucos metros do largo do Arouche, encorajou o jovem compositor de 25 anos a pedir a mão de Olga Krum em casamento. A paixão de Adoniran por essa bela e jovem descendente de alemães parece ter sido fulminante. O casamento e seu desfecho também. Sérgio Rubinato, sobrinho de Adoniran, diz que a união, da qual nasceu o único filho do compositor, aliás filha, Maria Helena Rubinato Rodrigues de Sousa, era um assunto a que o compositor nunca se referia. Uma das raras ocasiões em que veio à tona foi nos anos 1960. Sérgio estava na casa do tio, no bairro de Cidade Ademar, quando o viu mostrar um envelope para a companheira, dizendo: "Pronto, acabou, leia". Dentro havia os termos do divórcio com Olga, o que permitiria a oficialização da união do compositor com Mathilde de Luttis, a quem se juntara em 1942.

Com um primeiro contrato assinado de verdade e um disco na praça, Adoniran deixou a pensão onde morava, próxima à rua Senador Queirós, e foi morar com Olga na casa da mãe dela, no Tatuapé. Mas a fama do campeão do carnaval, que o transformou numa das muitas celebridades instantâneas que o "sem fio" produzia às dezenas, mantinha-o preso às rodas boêmias.

Adoniran dizia: "quando escurecia, aí é que eu gostava. Na noite, sim, eu começava a viver". A ele se juntava um coro de aves noturnas, formado por profissionais do rádio, do teatro, jornalistas e vagabundos.

A peregrinação obrigatória da fauna noturna da cidade passava pelo largo do Paissandu, São João e Ipiranga. A esquina dessas últimas, que entraria definitivamente para a geografia da música popular com a letra de Caetano Veloso, tornou-se ainda na década de 1930 um ninho de músicos locais e dos eventuais visitantes cariocas. Quando estavam na cidade, Orlando Silva, Vicente Celestino e Chico Alves não deixavam de aparecer ali.

Antes de 1936 terminar, porém, Adoniran perdeu o emprego na São Paulo. O diretor da emissora, segundo depoimento do próprio compositor, alegou que o dispensava porque, passado o carnaval, ninguém mais estava interessado em marchinhas.

O casamento com Olga também não sobreviveu nem à chegada da filha, terminando em março de 1938, dezesseis meses depois de começar. A versão mais aceita para o fim da união é que a mulher teria ido embora. Maria Helena foi deixada pelo pai aos cuidados de uma das tias, Ainez, que a levou para o Rio. Adoniran via a filha com regularidade. Só nas suas últimas décadas de sua vida a relação com Maria Helena se tornou mais distante, pelo menos até o nascimento do neto.

No entanto, em entrevista concedida à *Folha de S.Paulo*, em 1978, ele declarou: "Eu não tenho nenhum filho. Casei e não tenho filho. Por enquanto, não tenho filho. Vou comprar um na feira, vou comprar uns dois na feira. Na feira do Arouche. Ah, se procurá acha. Mas é isso aí". Para Maria Helena, essa declaração reflete a personalidade fechada do pai, que procurava sempre esconder sua intimidade, com declarações tão fictícias quanto o próprio personagem que ele encarnava.

Embora Adoniran não fosse um exemplo de marido dedicado e presente, o abandono provocou-lhe grande sofrimento.

Até vir a se casar novamente, chegou a dedicar a Olga algumas músicas, como "Um amor que passou".

Ao lado disso, no âmbito profissional, Adoniran Barbosa era apenas mais um esforçado e medíocre homem de rádio no meio de um enxame de aspirantes ao sucesso que voavam em torno das dez emissoras da cidade. A insistência em integrar um elenco ou apresentar programas valeu-lhe até um apelido entre os freqüentadores do restaurante Natal, aonde ia quase todos os dias tentar ser convidado para trabalhar: Madame Belisca.

Passou pelas rádios Cruzeiro do Sul, Difusora, de novo pela São Paulo, voltou à Cruzeiro do Sul, sempre em participações esporádicas, mostrando as diversas marchinhas, gênero em que ainda insistia. Chegou a ter papéis secundários como radioator em alguns programas, mas sem chamar a atenção. Para sobreviver, vendia anúncios e exercia a função de discotecário. Isso até 1941, quando esbarra na pessoa mais importante da sua trajetória artística.

Oswaldo, o escrevinhador

DEMÔNIOS DA GAROA
gravaram em discos
ODEON

Nos corredores da Rádio Record,
"Saudosa Maloca" encontra os
Demônios da Garoa. Ou seria
o contrário?

João Rubinato já tinha escolhido o pseudônimo alguns anos antes, mas foi a partir do início da década de 1940 que Adoniran Barbosa foi inventado, com a preciosa colaboração do escritor e roteirista Oswaldo Moles.

Santista, filho de operários, Oswaldo Moles era apenas três anos mais moço que Adoniran Barbosa. Ainda menino, subiu a serra do Mar no colo da mãe e acabou matriculado em um colégio de padres no bairro do Pari. O estado de penúria da família era tanto que o menino ia para a escola com apenas um pé calçado. No dedão do outro, colocava um pano para fingir que estava machucado. "Ainda me vejo de Virgílio debaixo do braço, indo para a aula de latim do padre Simeon, que profetizava com arrogância: 'Moles nunca vencerá na vida'." Mais tarde, famoso como programador e escritor de rádio, ele diria brincando: "Nunca quis vencer mesmo. Vencer é para cavalo de corrida".

Moles entrou para o jornalismo aos 16 anos. Estreou como repórter de polícia no *Diário Nacional*. Antes de passar alguns anos na Bahia, escreveu uma série bem-sucedida de reportagens no nordeste para *São Paulo Jornal*. Em Salvador, foi um dos fundadores de *O Estado da Bahia*.

Ao escrever matérias para o *Correio Paulistano*, diário do qual foi redator e mais tarde subsecretário, Moles aproximou-se do mundo do rádio em São Paulo. Com a fundação, em 1937, da Rádio Tupi, de Assis Chateaubriand, o jornalista foi convidado para trabalhar na programação da emissora. O primeiro programa da rádio foi um sucesso e mostrou o talhe perfeito do menino pobre de Santos para o novo meio de comunicação. Moles instituiu um concurso para que os ouvintes escolhessem a melhor estação de São Paulo.

Do mesmo modo que os Demônios da Garoa encontrariam em Adoniran Barbosa seu compositor ideal, plasmando para sempre a imagem do sambista à do conjunto, Oswaldo Moles encontraria nele seu ator ideal – e, assim, passaria a ser lembrado por tabela, sempre como coadjuvante da história de Adoniran. Esse processo começou em 1940, quando Paulo Machado de Carvalho fez-lhe uma proposta irrecusável para trabalhar na Record.

Moles era um especialista em linguagem popular e um exímio criador de diálogos. O produtor e diretor de cinema Adhemar Gonzaga, de olho nessa faceta, chamou-o várias vezes para escrever roteiros para a Cinédia. Ele também tinha fumaças literárias. Sua linguagem filiava-se, para alguns críticos da época, à do escritor Antônio de Alcântara Machado, autor de *Brás, Bexiga e Barra Funda*, coletânea de histórias que enfocava o dia-a-dia dos imigrantes e do proletariado de São Paulo. O livro hoje esquecido *Piquenique classe C*, publicado por Moles no início da década de 1960, reúne cerca de sessenta crônicas repletas de histórias de favelados, capoeiras, nordestinos, malandros e freqüentadores de gafieira de bairros pobres paulistanos.

O próprio autor gostava de se definir como um cronista pé-de-chinelo. Moles tinha o hábito de perambular pela periferia e pelas ruas do centro e anotar suas impressões num bloquinho.

Essas observações mais tarde eram retrabalhadas em textos humorísticos, depois transformados nos programas radiofônicos que ele criava a uma velocidade vertiginosa.

Antes de ser apresentado a Adoniran Barbosa, em 1941, por Otávio Gabus Mendes, Moles já conhecia a verve humorística daquele sujeito franzino, de nariz protuberante, metido num terninho com gravata borboleta e chapéu. No ano anterior, Adoniran conseguira algum destaque no programa humorístico *República dos estudantes*, da Cruzeiro do Sul, ao lado de Vicente Leporace, Blota Júnior e Sagramor de Scuvero.

A idéia de testar Adoniran na Record partira de Otávio, um dos mais prodigiosos profissionais do rádio e do cinema brasileiro na primeira metade do século passado. Cair nas graças daquele jovem talentoso e cheio de poder era tudo que aspirantes ao estrelato poderiam desejar. Foi o que aconteceu com Adoniran Barbosa. Com um mago da programação como Gabus, e um exímio criador de tipos populares e humorísticos como Moles, Adoniran — ou Adonis, como o apelidaram nos corredores da rádio de Paulo Machado de Carvalho — se destacaria como comediante.

Um dos programas de maior audiência na Record era *Serões domingueiros*. Quando Moles viu Adoniran, criou para ele o personagem Zé Cunversa. Como muitas vezes o programa era gravado em auditório, Adoniran apresentava-se caracterizado como negro, com a cara e os braços pintados com carvão, uma calça branca, camisa listrada, chapéu coco e o indefectível Yolanda pendurado nos lábios. Nos cartazes de divulgação do humorístico, ele aparece ao lado de Catarina, a mulher do malandro, protagonizada pela atriz Maria Amélia. O casal é apresentado como "os dois *black-out* da Record — a que é por que é".

Moles escrevia os diálogos, mas dava plena liberdade para que Adoniran improvisasse. Alguns domingos depois, *Serões domingueiros* fazia o auditório ir abaixo de tanto rir. O programa ia ao ar depois da missa, entre oito e dez da manhã.

A carreira de João Rubinato ia bem. O crioulo que ele imitava era querido do público — embora a empostação da voz grave do personagem tenha contribuído para aumentar sua rouquidão —, atuava ao lado de uma atriz de sucesso e tudo levava a crer que Moles o elegera seu intérprete privilegiado. Mas faltava um detalhe: oito programas depois, Adoniran Barbosa ainda não tinha visto a cor do dinheiro. Num tempo em que o rádio se aproveitava do amadorismo de milhares que batiam às suas portas em troca de uma ponta, pagar podia parecer um luxo. Mas o quarto de pensão e os périplos noturnos de Adoniran também cobravam seu preço.

Timidamente, ele encontrou Otávio uma tarde na Record e perguntou se estava nos planos da direção da emissora pingar alguns réis em seu bolso. Otávio sugeriu que ele procurasse o humorista Barreto Machado, que ganhava um conto de réis — salário nada desprezível para a época — e propusesse uma divisão dos rendimentos. Parecia estapafúrdia demais a proposta, mas Adoniran tornara-se um protagonista de situações que entrariam como esquetes num filme de Chaplin.

Adoniran procurou o colega e expôs-lhe a situação: "Barreto, eu já falei com o homem, e, se você concordar, está tudo certo. Vamos rachar o teu ordenado?". Os historiadores do rádio ainda não decifraram esse mistério, mas o fato é que Machado concordou, para espanto de Adoniran, que sempre julgara ter visto tudo na vida. A história pode não ter se passado como a crônica a registrou, mas Adoniran Barbosa sempre se referiu a Barreto Machado como o "melhor cara do mundo" — ao lado, naturalmente, de Oswaldo Moles.

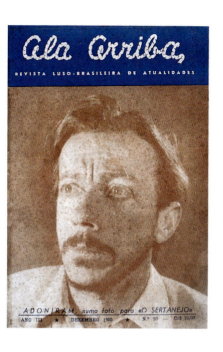

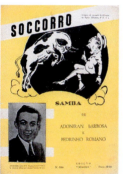

Adoniran, em 1955, em foto para o filme *O Sertanejo*, que não chegou se realizar, e partituras de alguns de seus sambas mais famosos. Apesar da qualidade de suas composições e dos diversos papéis que interpretava no rádio, muitas vezes ele dependeu de atividades em outras áreas, como o circo e o cinema, para completar o orçamento.

Miniaturas que fabricava no quintal de sua casa, em Cidade Ademar. Pouco antes de morrer, no Hospital São Luiz, em 1982, ele presenteou o crítico Antonio Candido com uma bicicleta como as que aparecem na página ao lado.

Os chapéus e o sapato bicolor eram marcas tão características de Adoniran quanto o bordão "Aqui, Gerarda!", que seu personagem no radiofônico *Histórias das Malocas*, da Record, vivia a repetir.

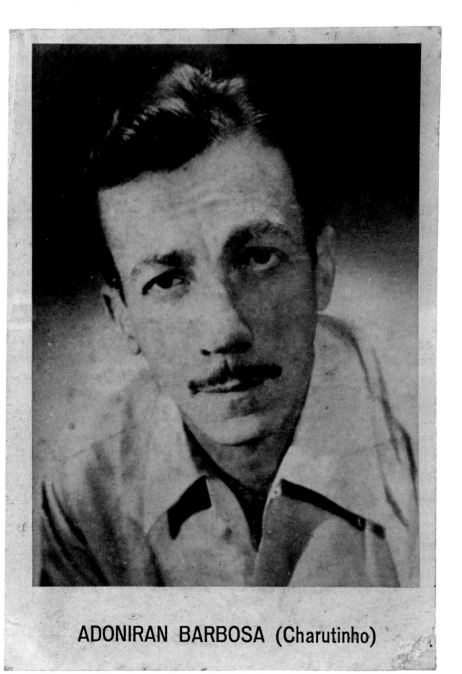

O rosto é de Adoniran Barbosa, mas a legenda não deixa dúvidas:
para o público daquela época, seu nome era Charutinho.

ADONIRAN BARBOSA - vive o papel de Chico Belo

Em ação como "maloqueiro": ao lado de Charutinho, Zé Conversa foi um de seus personagens de maior popularidade.

Como o pescador Chico Belo: este seria seu personagem mais popular na tevê.

ADONIRAN o autor de D. Bôa, marchinha 1.° Premio no concurso official do Carnaval Paulista de 1935.

Nos primeiros anos de carreira, ainda com pinta de galã: lutando contra o gongo nos programas de calouros.

ZÉ CONVERSA e CATARINA
(ADONIRAN BARBOSA e MARIA AMELIA)
OS 2 BLACK-OUT DA RECORD
— A QUE É POR QUE É! —
Creação de OSWALDO MOLES

O compositor segundo Elifas Andreato: desenho ajudou a fixar a imagem de Adoniran como um "triste palhaço".

DEMONIOS DA GARÔA
gravaram em discos
ODEON

As músicas de Adoniran, como "Saudosa Maloca" e "Samba do Arnesto", ajudariam a projetar os Demônios da Garoa, mas nem sempre as relações entre o quinteto e o sambista seriam amistosas.

Adoniran em caricatura: sempre de chapéu, gravata borboleta e com linguajar "estropiado", o sambista gostava de representar uma versão caricata de si mesmo.

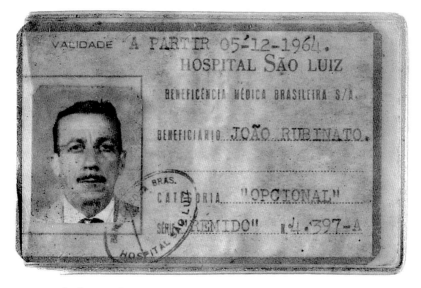

Registros na Rádio Record e no Hospital São Luiz: o paciente, assim como o profissional, nunca perdia a chance de ser sarcástico.

A face bem-humorada de Adoniran. Nos anos 1960, até Elis Regina se surpreenderia com a verve humorística do sambista.

Com Gonzaguinha e Clara Nunes: convidados do terceiro LP.

Saudade da maloca

"Saudosa Maloca" é a melhor
síntese da maneira como, nos anos
1950, a vida do compositor se
confundia com a do ator de rádio.

O ponto alto da parceria com Oswaldo Moles ainda estava por vir. Seria a partir de 1954, quando foi ao ar pela primeira vez uma "viagem costeira pela vida dos humildes" chamada *Histórias das malocas*. Líder de audiência até 1966, o programa foi responsável pela revelação de Charutinho, personagem-síntese do universo de Adoniran.

Mas, para que se concebesse um personagem como aquele malandro desocupado do morro do Piolho, foi preciso que Adoniran, durante um passeio pela rua Aurora com seu cachorro Peteleco, visse que o velho edifício de um hotel estava prestes a ser demolido e assim tivesse idéia para mais um samba. E que, durante a década de 1940, quando canalizou todas as energias para a atividade de ator de rádio, ele se desdobrasse em dezenas de personagens, cada um caricaturado a partir dos tipos sociais mais distintos, e fosse lapidando aos poucos a "persona artística" com a qual seria identificado pelo resto da vida.

Outras rádios de São Paulo tiveram grandes momentos nesse período. A Rádio Tupi logo se afirmou como uma emissora voltada para o jornalismo. Ficaram famosos o *Grande jornal falado Tupi*, o *Matutino Tupi* e também o *Repórter Esso*, produzido originalmente no Rio de Janeiro. Na Rádio Cultura – anunciada como "a voz do espaço", dada a qualidade de suas transmissões –, Manoel da Nóbrega apresentava o programa *Boa noite você*, cuja popularidade contribuiu para que fosse um dos deputados federais mais votados nas eleições de 1946.

A Rádio São Paulo continuava em alta. Os dramalhões de Janete Clair e Ivani Ribeiro, acompanhados com sofreguidão pelas ouvintes da cidade, eram o ponto forte da emissora. Além das novelas, a rádio transmitia também um programa de serenatas. Apresentado na rua pelo galã Walter Giglione, o show deixava as ruas do bairro de Vila Maria abarrotadas de fãs desesperadas para chegar perto de seus seresteiros prediletos.

Bem depois da década de 1940, a figura de Adoniran assumiria uma tragicidade que lhe daria ares de Charles Chaplin. Naquele momento da vida, no entanto, ele estava mais para Luciano Pando – o ator de radionovelas que interpreta os textos do prolífico Pedro Camacho em *Tia Júlia e o escrevinhador*, de Mario Vargas Llosa. Em 1946, os ouvintes de São Paulo podiam sintonizar dezesseis programas diferentes e encontrar um personagem interpretado por Adoniran em cada um deles. Não por acaso, a revista *It* publicou naquele ano uma reportagem em que chamava o ator de "o milionário criador de tipos radiofônicos". Milionário, naturalmente, era força de expressão, pois o ordenado continuava o mesmo.

Quando encarnava o motorista de táxi do largo do Paissandu, Giuseppe Pernafina, por exemplo, Adoniran exercitava um jeito de falar que unia o sotaque italiano e o caipira, fusão mais tarde identificada em suas letras. "Estou aqui no ponto desde cinco de la matina, e ainda num virei a chave – e tenho uma dor no amolar esquerdo, que não sei se abestraio ele ou se faço uma anistia gerar... por isso te digo que vae mar...", dizia.

Mas a maior parte dos tipos que interpretou nesse período estava longe de dizer "nós fumo e num encontremo ninguém".

Veja-se o dr. Sinésio Trombone, também conhecido como "gostosão da Vila Matilde": "Sua excelência chegou num momento intramuscular propedêutico impróprio, porque dentro das congeminências hiperbólicas, posso afirmar que ele não se encontra neste ambiente filarmônico e holocáustico. Tenho dito!"

Ao menos a trabalho, como se vê, ele também falava língua de doutor. E de criança, com Barbosinha Mal-Educado da Silva, moleque da *Escola risonha e franca*, um dos programas de maior popularidade daquele período. "Tô inocente, não fiz nada", era o bordão que costumava repetir.

Falava também língua de gringo, quando interpretava o professor de inglês Richard Morris: "Chesterfield Sereneide chata nooga, chu chu – end may reveri six chevrolet laite and pauver. O yes! A traduçon deste fraze que eu disse é a seguinte: tromba de elefante não serve para regar as flores do jardim".

De judeu, com Moisés Rabinovitch: "Eu vende barrato parra senhorr... eu vende a vista e a prestaçon". E ainda de espanhol, com o radioteatrólogo Don Segundo Sombra, e de francês, quando o personagem era o ator e galã Jean Rubinet.

É bom lembrar que, com exceção da Rádio Nacional, do Rio de Janeiro, as rádios do país transmitiam para uma região pequena, às vezes pouco mais que alguns bairros. Isso significa que a maior ou menor aceitação de uma emissora dependia do tipo de contato que estabelecia com seus ouvintes. Quanto mais direto, melhor. As entonações e personagens regionais, desse modo, eram elementos fundamentais para a eficiência da interação.

Se, aos olhos de hoje, um Adoniran falando "congeminências hiperbólicas" pode parecer tão estranho quanto um Noel Rosa prognato, isso ocorre porque ele foi desses artistas que criaram com sua obra um universo tão singular e ao mesmo tempo tão próximo de sua vivência pessoal, que qualquer atitude fora dessa moldura parece falsa, artificial.

Embora naquele fim de década de 1940 ele estivesse ocupado em mimetizar sozinho toda a cacofonia de sotaques e trejeitos lingüísticos que ocupavam São Paulo, era justamente essa moldura que ele começava a criar quando compôs o samba que seria seu preferido até o fim da vida: "Saudosa maloca".

O Brasil do pós-guerra preparava-se para mais um surto de modernidade. A década de 1950, a mais fértil para o compositor Adoniran Barbosa, pegou um país estupefato com a volta do velho caudilho Vargas, dessa vez consagrado pelas urnas. O retrato do velhinho voltou a enfeitar as repartições públicas. Em centros como o Rio e São Paulo, porém, a paisagem mudava. O rádio transformara o Brasil, pois contribuiu para interligar muitas regiões que se mantinham distantes, sem comunicação entre si.

Com a Guerra e a Europa ocupada em construir equipamento bélico, começou também uma progressiva política de substituição de importações no país. A partir de 1947, muitos dos bens de que necessitava começaram a aparecer com a inscrição "indústria brasileira". E mais uma vez São Paulo concentrava esse surto industrial. A indústria paulista colocava nas lojas enceradeiras, geladeiras, aspiradores de pó, liquidificadores de frutas (assim eram chamados nos anúncios), máquinas de costura e de bordado, eletrolas e uma novidade fantástica: o pirex, o vidro que ia ao forno.

A via Anchieta tinha uma pista pronta desde 1947 e estava prestes a inaugurar a segunda no início da nova década. O aeroporto de Congonhas internacionalizava-se e já era o terceiro mais movimentado do mundo. Ao longo dos anos de 1950, as demolições e desapropriações continuavam em um ritmo só comparável ao daquele tal de *rock-and-roll*, barulho ensurdecedor que começava a conquistar os jovens nos Estados Unidos. Os bondes começavam a se tornar peças de museu, dando lugar aos modernos e rápidos ônibus. Para dar conta da multiplicação acelerada de veículos, mais ruas começavam a ser alargadas, como a da Consolação. O Trianon era demolido para abrigar o Museu de Arte de São Paulo, em um formato que parecia esdrúxulo aos conservadores. A retificação do rio Tietê estava sendo concluída. Pontes como as da Casa Verde, Limão, Freguesia do Ó, Vila Maria e Cruzeiro do Sul eram erguidas sobre seu curso. Prosseguia a ampliação do parque Ibirapuera, em cujos limites se abriam as avenidas República do Líbano e Quarto Centenário. E, claro, não parava de chegar gente, de todos os cantos do Brasil. São Paulo era o melhor sinônimo do sul maravilha.

Há diversas versões para a origem da letra de "Saudosa maloca". A mais difundida reza que a maloca foi inspirada no antigo edifício do Hotel Albion, no centro de São Paulo — mais precisamente, na rua Aurora, onde Adoniran morou por alguns anos. O compositor passava com freqüência em frente ao prédio abandonado, e teria feito amizade com os desabrigados que pulavam o muro para passar a noite no local. Matogrosso, Mário e Corintiano, carregadores de sacola de feira para as madames do largo do Arouche, eram os malandros boa-praça com quem ele conversava enquanto Peteleco, seu cachorro vira-lata, farejava pelos cantos.

Um dia, ele não gostava de lembrar, soube que o prédio seria demolido para dar lugar a um edifício alto. Pensou no que seria feito dos colegas e, de enfiada, compôs o samba. Mário teria virado Joca para rimar com maloca. O prédio velho transformado em palacete sabe-se lá por quê. E Corintiano, apesar de Adoniran nunca tê-lo dito, é forte candidato à condição de narrador da história (ou, vá lá, de eu-lírico do poema), que é contada em primeira pessoa por um dos "maloqueiros".

A convite do diretor da Continental Discos, Hernâni Dantas, Adoniran gravou "Saudade da maloca" em 1951. Não, não precisa corrigir. Por um erro de Dantas, o título saiu assim mesmo, saudade em vez de saudosa. O erro não teve maiores conseqüências. Naquele ano, a gravação da música parecia longe de superar, em importância para a carreira, o prêmio Roquete Pinto, que recebera pela atuação como intérprete cômico, e a gravação de "Malvina", samba vencedor do primeiro lugar no concurso das Lojas Assumpção. Foi preciso esperar quatro anos para que a música ficasse conhecida para além dos limites da rádio – os funcionários da Record não tiveram muita curiosidade para saber que nova melodia era aquela que Adoniran vivia assobiando.

Mas os Demônios da Garoa tiveram. A banda paulistana, que inaugurou no *Guiness* a categoria "grupo vocal-instrumental mais antigo em atividade", existia desde 1943. Chamava-se então Grupo do Luar, e estreou no programa musical de calouros *A hora da bomba*, apresentado por J. Antonio d'Ávila na Rádio Bandeirantes. Os cinco rapazes ganharam o primeiro prêmio do programa com "Vestido de bolero", de Dorival Caymmi, e foram contratados pela rádio por vinte mil-réis mensais.

Três apresentações mais tarde, o grupo já havia sido rebatizado. A decisão partira de uma idiossincrasia do locutor Vicente Leporace. Implicado com a palavra "grupo", ele chamou os jovens seresteiros num canto e sentenciou: "Parece coisa de jogo do bicho. Grupo da vaca, grupo do porco, grupo do veado... Vocês vão ter que mudar de nome". Leporace realizou entre os ouvintes uma enquete, e exultou quando um deles sugeriu Demônios da Garoa. Demônios porque não paravam quietos, garoa por causa de São Paulo, explicava por carta o didático rapaz, que levou como prêmio pela sugestão uma foto 18 x 24 do quinteto.

Mas é pouco provável que continuassem endiabrados por muito tempo, não fosse o encontro com Adoniran. Pelo resto da existência do grupo, ou melhor, dos Demônios, o grosso do repertório seria composto por músicas do sambista de Valinhos. Eles contam que aprenderam "Saudosa maloca" com o próprio autor, nos corredores da emissora. Em 1954, o radialista Demerval Costa Lima ouviu o quinteto cantá-la durante um intervalo das atividades na Rádio Nacional. Pediu então que a ensaiassem. Mais tarde, prometia o radialista, eles iriam apresentá-la no programa de Manoel da Nóbrega, na Record.

O evento garantiu certa notoriedade à canção, mas ela ainda não havia sido gravada. Foi então que, três meses mais tarde, Oswaldo Gurzone, diretor da gravadora Odeon, os convenceu a registrá-la em disco — desta vez com o título correto. A gravação dos Demônios foi ouvida em todo o Brasil. Tocava até nos alto-falantes da minúscula Irará, no Recôncavo baiano, onde morava um jovem chamado Tom Zé. Em 1973, o baiano mostrou a Adoniran um samba que acabara de fazer chamado "Augusta, Angélica e Consolação". Não demorou para que o compositor paulistano, com a vista embaçada, reconhecesse "Saudosa maloca" como mote para a canção.

Histórias das malocas

Adoniran no Bixiga: ele nunca morou
no bairro, mas fez dele cenário
privilegiado de suas composições.

Ouvida em todo o Brasil em termos. A única cidade em que "Saudosa maloca" foi recebida com comedimento foi São Paulo. Mas já era o bastante para aliviar a barra de Adoniran. Nos primeiros anos da década de 1950, os ventos da prosperidade não pareciam soprar em sua direção. Os programas de rádio em que atuava sofreram queda de audiência. Com a popularidade em baixa, ele perdeu boa parte dos papéis. A solução, que dali em diante passaria a adotar com freqüência, foi procurar bicos na televisão e no cinema (anos mais tarde, a opção seria o circo). Em 1954, atuou no filmes *Esquina da ilusão*, de Ruggero Jacobbi, *Candinho*, de Abílio Pereira de Almeida, e desempenhou seu papel mais famoso: o do bandido Mané Mole, em *O cangaceiro*. O filme, dirigido por Lima Barreto, tinha diálogos de Raquel de Queirós, e, embora isso não tenha interferido grande coisa na trajetória de Adoniran, ganhou o prêmio internacional para filme de aventura no festival de Cannes. Até mesmo os Demônios da Garoa tiveram participação na fita. Foi com a música "Mulher rendeira", incluída na trilha sonora.

Com a boa acolhida de "Saudosa maloca", Adoniran podia enfim saldar as dívidas, recobrar a popularidade, alimentar pretensões de investir na carreira de sambista e planejar, com Oswaldo Moles, a criação de um programa e um personagem que garantiriam a ele notoriedade por mais alguns anos e à história do rádio nacional um de seus capítulos mais divertidos. O programa era *Histórias das malocas*. O personagem, Charutinho.

> Esta é a minha maloca, manja? Mais esburacada que tamborim de escola de samba em quarta-feira de cinza. Onde a gente enfia a mão no armário e encontra o céu. Onde o chuveiro é o buraco da goteira. Não tem água de zinco. Às veis a gente toma banho em bacia e se enxuga com a toalha do vento. E quando não tem água a gente se enxuga antes de tomá banho.

Durante dez anos, às sextas-feiras, às 21h, pela Rádio Record, Adoniran lia e improvisava sobre linhas como essas. Criados aos borbotões por Oswaldo Moles, os textos eram "radiocontos" que abordavam o dia-a-dia no Morro do Piolho, região por onde circulavam o malandro Charutinho e seus amigos Terezoca, Pafunça, Taboão, Panela de Pressão, seu Dija — uma turma "boa de maloca", como o sambista definiria mais tarde.

O principal traço do personagem era a aversão ao trabalho. Num episódio, os moradores do morro resolvem sair para procurar emprego e só encontram um. Para ocupar a vaga, escolhem logo Charutinho — o mais preguiçoso de todos. No departamento pessoal da empresa, ele é apresentado ao mundo burocratizado da ordem. Forçado a realizar um périplo para tirar os documentos e atestados necessários, quase desiste da empreitada: "Eu tenho que tirá tanta coisa pra trabaiá, que eu vô boquejá pa turma do morro pa vê se por motível das dificurdádias...".

A cada semana, o anti-herói Charutinho, comicamente malsucedido, ia sendo composto de modo a facilitar sua identificação com a imagem que o sambista Adoniran Barbosa formava para si. Não só pelo hábito simpático de falar errado "a língua certa do povo", mas pelas situações em que o personagem se envolvia. Num episódio, já do início da década de 1960, ouvia-se uma conversa entre Charutinho e Dija:

Charutinho: — Ocê num tem uma dô escondida?
Dija: — Tenho. Ô tenho um calo que eu fiz na primeira veiz que usei sapato de coro que é como dente de caipira: dóooooi.
Charutinho: — Mais calo num dá samba.
Dija: — Pruque é que ocê num faiz arguma coisa sobre a cachaça? Num é uma boa pidida?
Charutinho: — A pidida de cachaça é uma boa pidida. Mais uca, em samba, já encheu.

Avesso ao trabalho formal, cachaceiro, bom de prosa — e à procura de assunto para um samba. Dificilmente outro intérprete seria mais adequado para o papel do que Adoniran. Os ouvintes pareciam concordar, e mantiveram o programa no primeiro lugar de audiência entre os anos de 1955 e 1966. Exceção feita ao fim da década de 1970, quando os jornalistas resolveram assediar "o mais paulistano dos sambistas", esse foi o período de maior popularidade de Adoniran. Basta dizer que, antes do início do programa, o locutor o anunciava como "o popularíssimo astro do rádio e do circo, do disco e do cinema nacional...".

Histórias das malocas fez bem para a carreira de Adoniran, mas contribuiu para reforçar uma crença que pode causar mal-entendidos à compreensão de sua trajetória: a de que haveria em sua obra um componente de crítica social capaz de transformá-lo num "porta-voz dos oprimidos", e, por conseqüência, num homem de esquerda. Não faltaram, principalmente da década de 1970 em diante, interpretações nessa linha.

A questão mereceria exame mais detalhado, mas por ora basta lembrar que o compositor rechaçava esse tipo de associação. Nunca pôs o emprego em risco para se envolver em assuntos de classe. Não declarou guerra contra os ritmos estrangeiros quando o *rock* entrou de vez no país. Mesmo tendo uma música censurada, declarava-se a favor da censura em certos casos, "senão o pessoal abusa muito". E costumava dizer que, em suas letras, para evitar complicações, não falava "nem de política, nem de mulher", o que não é verdade, particularmente no tocante às mulheres. Sem falar em sua opção de retratar a vida dos excluídos.

Também Oswaldo Moles, o criador das situações do programa, não era exatamente o protótipo do escritor engajado. Apesar de todas as loas tecidas a ele por quem o conheceu, houve quem desafinasse o coro. É o caso de Paulo Vanzolini. O autor de "Ronda" era produtor na Rádio Record entre os anos de 1953 e 1954. E detestava os programas. "O Moles era um cara óbvio. O único tipo que ele criou foi o Adoniran, mas metade daquilo estava na cabeça do Adoniran mesmo. Era um coitado, escravizado pelo jogo."

Tudo bem, Vanzolini deve ter suas razões. Então Oswaldo Moles podia não ser tudo isso. Mas é difícil supor que sem ele "Saudosa maloca" tivesse tido a repercussão que teve. E sem os frutos colhidos com o sucesso dessa música, é bem provável que Adoniran perdesse para sempre o trem da carreira de sambista.

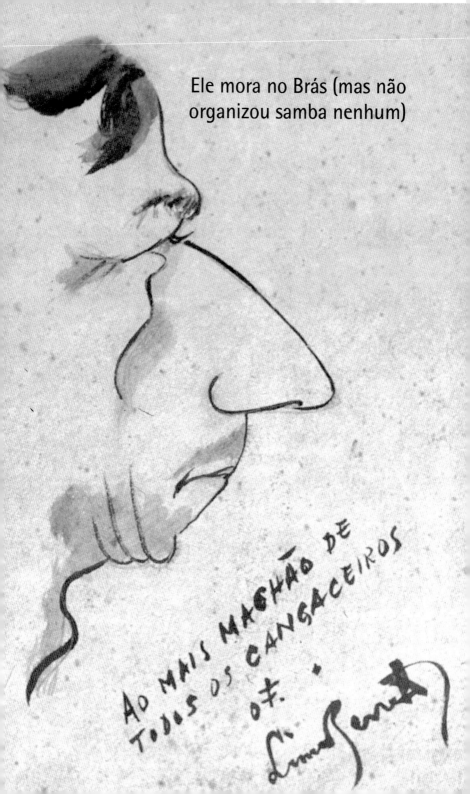

Caricatura de Adoniran feita pelo
diretor Lima Barreto a propósito
de *O Cangaceiro*, filme de que o
sambista participaria numa época
de pouca prosperidade.

A história da primeira gravação de sucesso de um samba de Adoniran pelos Demônios da Garoa tem um lado que ainda não foi contado. O lado B. Quando o diretor da Odeon convidou o quinteto para gravar "Saudosa maloca", avisou que precisaria de outra música "no mesmo estilo". Os músicos foram consultar Adoniran, que viu ali uma boa oportunidade para dar fim a um samba que tinha composto com o parceiro Alocin. E entregou a eles o "Samba do Arnesto".

O disco obteve um feito raro: emplacou dois sucessos ao mesmo tempo. Até o chileno Lucho Gatica, cujos boleros inflamavam os corações das donas de casa dos anos 1950, passou a ter menos execuções em algumas rádios brasileiras do que aquelas gravações dos Demônios da Garoa. Os cinco personagens do ex-Grupo do Luar encontravam finalmente seu autor ideal.

Naquele mesmo ano de 1955, um grisalho advogado chamado Ernesto Paulelli começou a receber olhares de reprovação de seus vizinhos no bairro do Brás. Ex-violonista de rádio, Ernesto custou a convencê-los de que nunca havia convidado Adoniran Barbosa para um samba em sua casa. Também não tinha saído à hora da reunião, e sem ao menos deixar um recado na porta. Por sinal, só então ele se lembrou do fato: mais de dez anos antes, era verdade, ele havia conhecido Adoniran.

Ernesto era violonista contratado da Rádio Bandeirantes e acompanhava a cantora sertaneja Nhá Zefa em programas da Rádio Record. Um dia, nos corredores da emissora, Adoniran teria lhe dito: "Vou fazer um samba com o seu nome, Arnesto". Não adiantou o violonista corrigir a pronúncia. Mais de quinze anos depois, quando o samba foi enfim gravado, Ernesto percebeu que seria Arnesto para o resto da vida.

Quanto à idéia para a letra, Adoniran disse que partiu de uma ida frustrada à casa do colega Nicola Caporrino – que ficava na Mooca, não no Brás. Nicola pode não ter gostado muito da piada, mas literalmente assinou embaixo. É ele o parceiro Alocin. (Para descobrir de onde vem o pseudônimo, basta ler seu primeiro nome ao contrário).

Numa entrevista ao jornal *O Estado de S. Paulo*, Antoninho, um dos fundadores dos Demônios da Garoa, declarou que Nicola é o verdadeiro autor do "Samba do Arnesto", e só teria dado a parceria a Adoniran para evitar problemas diplomáticos, pois trabalhava em outra gravadora. À parte o despautério da afirmação – basta a história de Ernesto Paulielli para desmenti-la –, a declaração explica o mal-estar que se estabeleceu entre o grupo e o compositor a partir de 1974.

Uma razão para o desentendimento, na versão de Adoniran, seria a atitude do líder do grupo na época, Arnaldo Rosa, de exigir parceria em músicas já feitas. A versão de Arnaldo era outra: dizia que Adoniran queria ficar com metade da renda dos shows, em vez de repartir o cachê em partes iguais. As rusgas só não eram tão freqüentes porque o sambista costumava se recusar a acompanhar o conjunto nas viagens que faziam. O máximo de concessão que Adoniran teria feito: duas idas ao

Rio de Janeiro e uma a Curitiba, sendo que nesta última ele foi embora do teatro antes de o show começar.

Esses desentendimentos talvez expliquem também uma afirmação igualmente injusta, repetida em praticamente todas as reportagens escritas sobre os Demônios da Garoa, segundo a qual o quinteto seria o responsável pela escrita "errada" das letras de Adoniran. Uma matéria dá conta até de que, no "Samba do Arnesto", Adoniran teria escrito "nós fomos e não encontramos ninguém", e que partira deles a idéia de substituir para "nós fumo e não encontremo ninguém".

Uma parte do argumento dos Demônios, no entanto, é inegável: eles deixaram as músicas de Adoniran mais leves e conferiram a boa parte das composições uma expansividade que talvez não fizesse parte da intenção do autor. Basta pensar na inclusão daquelas introduções com esquetes vocais tipo "cais-cais-cais-caridudum", de "Saudosa maloca", e "balaiubá, laiu-laiu-laiu-lá", de "Iracema", e compará-las ao timbre rascante da voz de Adoniran, para perceber a diferença.

Por um lado, as alterações introduzidas pelos Demônios da Garoa trouxeram benefícios para o sambista, pois garantiram uma audiência que dificilmente seria obtida com interpretações "introspectivas". Por outro, o ouvinte das gravações dos Demônios da Garoa perde um aspecto crucial de boa parte dos sambas, presente nas gravações de Adoniran: a melancolia.

A questão sobre se houve desvirtuamento das verdadeiras intenções na interpretação dos Demônios tomou ares de acirrada disputa entre historiadores e críticos, e ficou delicadíssima depois da morte de Adoniran. Como o cantor Adoniran Barbosa ficou durante muitos anos em silêncio, o grupo tornou-se de fato seu maior intérprete. Mesmo depois da separação, quando Adoniran passou a ser acompanhado por outro regional, o Talismã, ele evitava tocar no assunto. Mas a partir de sua redescoberta pelo alto repertório da música popular brasileira, sobretudo na década de 1970, e dos seus primeiros LPs, é possível a qualquer ouvinte perceber notáveis diferenças. Mesmo "Saudosa maloca", na voz de seu autor, transmite antes a idéia de um lamento resignado do que uma celebração exuberante, como fica evidente com os Demônios.

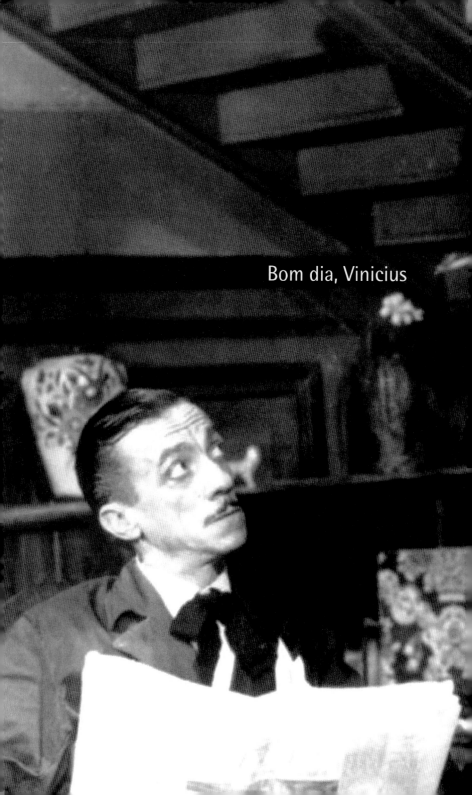
Bom dia, Vinicius

O sambista teve incontáveis parceiros,
mas nenhum seria objeto de tanta
discussão quanto Vinicius de Morais,
autor da letra de "Bom Dia, Tristeza".

Traçar a origem de cada parceria de Adoniran resultaria num livro à parte. Um dos companheiros mais constantes de composição foi o próprio Oswaldo Moles, com quem ele compôs "Conselho de mulher" (1955), "Tiro ao Álvaro" (1965) e "Pafunça" (1965). Mas o exame teria de abranger ainda Edmundo Cruz, Hervê Cordovil, Eratóstenes Frazão, João Santos, Hilda Hilst, Avaré, Manezinho Araújo, Blota Júnior, Frederico Rossi, Pedrinho Romano, Eduardo Gudin, Ivan Amadeu, Ivan Moreno, Felisberto Jordão, Hélio Sindô, José Nicolini, Ari Madureira, Benedito Lobo, Marcolino Leite, Uday Veloso, Tião, Orlando de Barros, Mário Silva, Nicola Caporrino, Cachimbinho, Pingüim, Morais Santos, Mário Sena e Sambará.

Isso sem falar nos parceiros póstumos. Adoniran os teve em abundância. O responsável pela maior parte dessas parcerias é o advogado e professor de história Juvenal Fernandes. Amigo do sambista por quarenta anos, ele perdeu a conta das vezes em que Adoniran apareceu em seu escritório e, antes de se aboletar no sofá da sala de espera para um cochilo, lhe entregava um papel amarrotado, geralmente rabiscado numa mesa de bar na noite anterior, para um dia ser transformado em música. Quando o compositor morreu, em 1982, Juvenal viu-se com noventa letras inéditas – o suficiente para oito CDs.

Aos poucos, ele foi convocando melodistas que julgava capazes de dar cabo da tarefa. Chamou Tom Zé, Rolando Boldrin, Tito Madi, Paulinho Nogueira, Zé Keti, Luiz Vieira, Alcyr Pires Vermelho, Elzo Augusto, Léo Romano, Antônio Rago, Chico Nepomuceno, Paulo Belinatti, Evandro do Bandolim. Pouco mais de quarenta letras foram transformadas em música. Uma boa parte – catorze, para ser mais preciso – foi gravada pelo paulista Passoca, em produção independente lançada no ano 2000. Entre as outras parcerias póstumas que foram gravadas estão a excelente "Tangolomango", que Tom Zé gravou no disco *Com defeito de fabricação*, de 1998, e "Provérbios", gravada por Rolando Boldrin no disco *Terno de missa*, em 1989. A letra desta última, para espanto geral, traz uma referência ao poema "Canção do exílio", de Gonçalves Dias. Mas bem à maneira de Adoniran: "Minha terra tem Corinthians/ Onde canta o curió/ Não tem nada mais gostoso/ Que o pastel da minha avó".

Mas nenhuma parceria da carreira de Adoniran foi objeto de tanta discussão quanto a que realizou com Vinicius de Morais em "Bom dia, tristeza", de 1957. Por um motivo simples: eles não se conheceram. A intermediária entre os dois foi Araci de Almeida. Ela recebeu a letra por carta quando Vinicius servia como diplomata em Paris, onde viveu entre os anos de 1953 e 1958. Na missiva, ele teria dito a Araci para fazer o que quisesse com aquilo. Amiga de Adoniran, ela confiou a tarefa de musicá-la ao colega.

O problema com essa história são dois. O sambista Noite Ilustrada acusou Adoniran de plágio e reivindicou para si a autoria da música. E Araci nunca confirmou a história da carta. A versão de Noite Ilustrada é a mais ruidosa. Ele diz que Adoniran teria se declarado incapaz de conceber uma melodia para aquela letra e o teria incumbido da função. No dia seguinte, ele teria entregue a música pronta a Adoniran. Três meses depois, ao ouvi-la no rádio, diz que percebeu que havia sido excluído dos créditos. Ao pedir satisfação a Adoniran, teria ouvido: "O Vinicius disse que só queria dois compositores. Depois a gente faz uma música junto".

Araci contava uma terceira história. Dizia que estava no bar do Hotel Comodoro, em São Paulo, quando chegaram Vinicius de Morais, Flávio Porto e Clóvis Graciano. Depois de alguns tragos, Araci teria pedido a Vinicius que lhe fizesse uma poesia. O poeta puxou lápis e papel da algibeira e, na mesma hora, versejou: "Bom dia, tristeza, que tarde, tristeza...". Dias depois, ela teria passado os versos a Adoniran.

A versão de Noite Ilustrada pode dar um certo sal aos bastidores das composições do autor de "Trem das onze", mas é mais fácil acreditar que Noite tenha sido batizado com esse nome do que supor que ela tenha ocorrido. Não haveria nenhum problema ou constrangimento para Adoniran assinar a melodia com Noite. Pelo contrário, os dois já haviam feito uma música juntos, "Mãe, eu juro!", em que Noite assinava com seu nome de batismo, Marques Filho.

Depois do embaraço criado por "Bom dia, tristeza", Noite Ilustrada chegou a dizer que mesmo em "Mãe, eu juro!", Adoniran assinou sem ter participado da composição e da melodia. O fato é que, por obra e graça desse sambista, Adoniran virou alvo de uma série de denúncias que o acusavam de músico de aluguel — chegaram até a contestar a autoria de "Saudosa maloca".

Quanto à versão de Araci, é Paulo Vanzolini que desmente. Mais uma vez, com a assertividade que lhe é peculiar: "Eu não acredito que tenha sido a Araci quem deu. Ela era uma pessoa muito difícil. Uma vez fomos dar um show no Cassino do Guarujá. Ela subiu na mesa, olhou para a platéia e gritou: 'se vocês quiserem comer um cu, é só pegar a vaselina e me acompanhar'".

Mathilde de Luttis, a viúva de Adoniran, tinha um modo mais suave de resolver a relação entre seu marido e Vinicius. Na década de 1950, quando Adoniran começava a obter alguma projeção como sambista, ela entabulou o seguinte diálogo com uma irmã do compositor: — Por que ele só faz essas músicas horrorosas, com péssimo português? Isso é uma vergonha! Ele devia seguir o exemplo do Vinicius de Moraes e só escrever músicas com letras bonitas — reclamou a irmã à esposa do sambista, que lhe respondeu: —Se ele imitar o Vinicius em tudo, vai acabar me abandonando.

Ainda que por vias meio tortas, a parceria entre Vinicius e Adoniran não é um caso inédito de associação entre cariocas e paulistas. Vadico, que não era de Vila Isabel, mas de São Paulo mesmo, é um bom exemplo. Ele foi um dos parceiros mais constantes de Noel Rosa, com quem fez dez músicas, entre elas "Feitiço da Vila" e "Tarzã, o filho do alfaiate". O próprio Vinicius encontrou num paulista um companheiro dileto: Toquinho. Os exemplos continuam em tempos mais recentes. Almir Guineto, carioca, fez mais de cem músicas com o paulista Luvercy Ernesto.

Seria inócuo alimentar essa discussão — no mais das vezes motivada pela expressão atribuída a Vinicius de Moraes, segundo a qual São Paulo seria o túmulo do samba —, não fosse uma anedota envolvendo Paulo Vanzolini e o próprio Adoniran Barbosa. A dúvida de Vanzolini era procedente: ele queria entender por que motivo Adoniran escrevera "moro em Jaçanã", e não "moro no Jaçanã". Além de ser como os moradores se referem ao bairro, a segunda maneira é mais coloquial, o que seria um motivo a mais para o autor de "Trem das onze" adotá-la.

A resposta do sambista foi categórica: "E eu lá sei onde fica essa porcaria?" Agora imagine-se confissão parecida de Noel Rosa sobre a Vila Isabel, de Cartola sobre a Mangueira ou de

Geraldo Pereira sobre a Lapa. Não parece razoável supor que esses sambistas desconhecessem cenário tão fundamental de suas composições.

Não, não é o caso de considerar que Adoniran tenha sido relapso. Acreditar que por isso ele seja menos enraizado na geografia paulistana do que os cariocas na do Rio de Janeiro é não querer considerar a relação entre música e cidade para além dos bairrismos.

Um aspecto da identidade paulistana é justamente a pouca nitidez de seu rosto. Mas não por falta, e sim por excesso de traços. As diferentes tradições culturais que participam da construção da metrópole, estrangeiras na virada do século XIX para XX, de vários estados do país à medida que o crescimento se adensa, fizeram da mistura a nota dominante. Não parece casual que nenhum gênero musical, exceção feita ao caipira, tenha sido criado em São Paulo.

Está certo, seria fácil objetar que a mistura faz parte da composição do povo brasileiro. Mas não é disso que se trata. Na Bahia no século XVII, Minas Gerais no século XVIII ou no Rio de Janeiro no século XIX, a química entre a cultura européia, ainda operando dentro da lógica colonial, e os escravos, inseridos pelo avesso na mesma lógica, foi muito diferente da que se produziu em São Paulo, metrópole por excelência do século XX. Não seria preciso forçar barra nenhuma, nem entrar em filigranas sociológicas, para acreditar que a música esteja implicada nesse processo.

Acrescente-se aí a velocidade da industrialização. Numa cidade que abrigava um milhão e 400 mil habitantes quando Adoniran tinha 20 anos e se aproximava de dez milhões no ano em que ele morreu, é vertiginosa a instauração da impessoalidade no convívio entre as pessoas. Em metrópoles como essa, é maior o espaço para as idiossincrasias de cada um, mas mesmo a singularidade mais extravagante tende a se diluir na multidão. Por essa ótica, os traços exagerados do personagem Adoniran – seu trato com o idioma e mesmo seu modo caricato de se vestir, sempre de colete, chapéu e gravata borboleta — só fazem ressaltar sua "paulistanidade".

Questões dessa ordem, muitas delas analisadas pelo professor de literatura e músico José Miguel Wisnik em ensaio publicado em 2001 na *Folha de S.Paulo*, se não contribuem para elucidar de vez o problema, ao menos ajudam a entender a composição da terra onde alguns ainda insistem em querer enterrar o samba.

Surpreendido durante um passeio:
no fim da vida, Adoniran adquiriria
aversão a jornalistas. Mais tarde, isso
traria um grave inconveniente para
os pesquisadores, que não podem
confiar nas entrevistas que ele deu.

A relativa notoriedade obtida por Adoniran com o sucesso de "Saudosa Maloca", "Samba do Arnesto" e o personagem Charutinho havia aberto novas possibilidades a sua carreira. Mas não muitas. Ele continuava na dependência do exíguo ordenado que lhe pagava a Rádio Record. E a popularidade como artista de rádio e compositor de sambas estava longe de significar, naquela época, respeitabilidade e acesso aos domínios ditos "sérios" da cultura paulistana.

Nesses domínios, a preocupação central era conferir à cidade equipamentos culturais à altura da sua importância como pólo industrial. Na década de 1950, enquanto Adoniran atraía milhões de ouvidos ao "sem fio" com sua crônica social, a fina flor da sociedade paulistana, intelectuais e a classe média se esforçavam na construção de teatros e estúdios de cinema. Nessa época, erguia-se o teatro da Sociedade de Cultura Artística, surgia o Teatro Brasileiro de Comédia (TBC), na rua Major Diogo, no adorado bairro de Adoniran, o Bexiga. Inaugurava-se o Museu de Arte Moderna (MAM), com patrocínio do magnata e mecenas Francisco (Ciccillo) Matarazzo Sobrinho; surgia a Companhia Cinematográfica Vera Cruz, também sob os auspícios de Ciccillo e Franco Zampari, tentando materializar o sonho de uma Hollywood tropical, assim como a fundação da Companhia Cinematográfica Maristela, de Ruggero Jacobbi. Ambos os estúdios sonhavam fazer em São Paulo um cinema mais sério do que o feito no Rio, onde a regra eram as chanchadas. Com a imprensa, a universidade e a classe intelectual seduzidas pela alta cultura, um artista popular como Adoniran só ganhava espaço nos jornais nas crônicas policiais, como revela a notícia transcrita abaixo, publicada em *O Estado de S. Paulo*, em 26 de maio de 1961:

ENVOLVIDO EM TRÊS OCORRÊNCIAS – O artista de radio João Robinato, mais conhecido por Adoniram Barbosa, residente na rua Aurora, 579, apartamento 22, a partir das primeiras horas de ontem viu-se envolvido em três ocorrências policiais. A primeira, uma desinteligência com o motorista de praça Alejandro A. Cunha Branco, domiciliado á avenida Pinheiros, 152, em Santo Amaro, terminou quando ambos foram encaminhados á polícia central, onde João Robinato acusou o profissional do volante de fazê-lo perder a hora do espetáculo que deveria dar no Circo Juçara, na Vila Carrão. O segundo verificou-se ás 3 horas e 40 na rua 15 de Novembro, esquina da rua João Brícola, em pleno centro da cidade. Embriagado, Adoniram Barbosa dirigia contramão seu automóvel, de chapa 5-49-81, com perigo para a vida de terceiros. Preso, teve sua carta apreendida e o veículo foi guinchado para a DST. A autoridade determinou ainda que João Robinato fosse submetido a exame de dosagem alcoólica, para o processo de contravenção. O terceiro e último caso registrou-se às 7 horas e 44. Saindo da Polícia Central, Adoniram Barbosa foi para a diretoria da DST, pagou as multas correspondentes á infração anterior e, mesmo sem a carta, conseguiu retirar o carro. Trafegando pela avenida Santo Amaro, no cruzamento da rua Afonso Andrade o artista perdeu o controle do veículo e se chocou com a traseira do auto de chapa 4-04-31, dirigido por Oduvaldo de Lima, morador na rua João Cachoeira, 1448. Não se registraram vítimas (*sic*).

Os ouvintes de programas populares de rádio podiam até conceder algum respeito a Adoniran, mas, a julgar pela notícia acima, os leitores de jornais densos como *O Estado de S. Paulo* desprezavam-no olimpicamente. O erro na grafia do nome do artista — "Robinato" em vez de Rubinato e "Adoniram" em vez de Adoniran —, a ausência de referências a qualquer música que tenha escrito ou personagem que tenha interpretado e o tom policialesco da notícia não deixam dúvidas: no primeiro ano da década de 1960, a São Paulo oficial, quando falava de Adoniran, tinha menos inclinação a falar de um artista dileto da cidade que de um atorzinho pinguço e encrenqueiro.

Não seria simples compreender o que se passava em sua cabeça naquele dia desastrado. Mas é possível imaginar que tivesse motivos para andar cismado. Na virada da década de 1950 para a de 1960, o universo em que havia sido criado e no qual projetava sua identidade começava a ruir. O rádio e o samba, assim como os bondes de que ele tanto gostava, transformavam-se aos poucos em veículos pequenos demais para suportar o peso do progresso.

No fim dos anos 1950, o país governado por Juscelino Kubitschek tornava-se o país do futuro — e, portanto, o país dos carros. Em 1957, produziam-se no Brasil 30 mil automóveis por ano. Em 1960, a produção quadruplicou, saltando para 130 mil. Se todos os carros saíssem à rua ao mesmo tempo, em 1950, um pedestre paulistano se veria cercado por uma frota de 63 mil veículos. Em 1966, o mesmo andarilho estaria rodeado por 415 mil carros — ou seja, 1.518 por cento a mais do que dezesseis anos antes. Compreende-se que os bondes e os trens, fossem eles para o Jaçanã ou não, estivessem com os dias contados.

Maciçamente asfaltada, cortada por avenidas largas, a cidade expandiu-se para a periferia. E esvaziou-se: de 120 habitantes por hectare nos primeiros anos do século, passa a 51 no fim dos anos 1950. Isso não significou apenas uma descaracterização física do espaço urbano — e por conseqüência dos marcos cantados nos versos de Adoniran. Significou também uma mudança no modo de se relacionar. As pessoas se viam menos. As distâncias ficavam maiores.

Na mesma época, os donos das fábricas instaladas na cidade não são mais obrigados por lei a garantir moradia aos funcionários. Era preciso ocupar os novos bairros populares que a especulação imobiliária criava aos montes. Começava assim a decadência do Brás, da Mooca e demais bairros operários de São Paulo. Começavam assim a soar nostálgicos os sambas de Adoniran. E não deixa de ser uma ironia o fato de o compositor ter se mudado, na década de 1960, para a Cidade Ademar, na periferia da capital. Para passar o resto da vida, ele escolhia um bairro batizado em homenagem a Ademar de Barros – justamente um dos prefeitos que estiveram à frente do processo de descaracterização que ele tanto lamentou.

A segunda metade da década de 1950 é também o momento em que o rádio começa a sentir o peso da concorrência da televisão. As primeiras imagens televisionadas no Brasil foram vistas no dia 18 de setembro de 1950, às 10 horas da noite, em alguns pontos de São Paulo. Apenas cinco residências da capital possuíam televisores naquele ano, mas a população deveria se orgulhar de qualquer forma, já que o Brasil era o quarto país do mundo a testemunhar aquele milagre da tecnologia. Naquela noite, no Canal 3, Televisão Tupi, Lolita Rodrigues cantou o "Hino da televisão", Mazzaroppi contou piadas, Walter Forster e Lima Duarte discutiram teatro, Aurélio Campos comentou assuntos esportivos e Homero Silva se tornou o primeiro apresentador da televisão brasileira.

Em 1956, as três emissoras de tevê de São Paulo mostram que vieram para ficar: juntas, elas arrecadaram mais que as treze emissoras de rádio existentes na cidade. Nesse mesmo ano, calculava-se que a tevê atingisse cerca de um milhão e meio de telespectadores brasileiros. Não demoraria muito para que os programas de rádio de que Adoniran participava se tornassem obsoletos como o espartilho. Ele até que tentou, em 1959, representar o Charutinho na tevê. Mas aquele senhor grisalho,

112   C o l e ç ã o   P a u l i c é i a

de um metro e oitenta, bigodes e o rosto inteiro pintado com carvão não era exatamente um primor de verossimilhança – e a experiência não chegou a vingar.

No dia 24 de outubro de 1955, quando foi lançada, na voz de Nora Ney, a música "Ronda das horas", começava oficialmente no país outra novidade que se instalaria de vez: o *rock*. A música era uma versão para "Rock around the clock", um dos primeiros sucessos do *rock-and-roll* nos Estados Unidos, gravado por Bill Haley and his Comets. Não demorou até que o ritmo fosse assimilado pelos compositores nacionais. Cauby Peixoto, em 1957, com "Rock and roll em Copacabana", de Miguel Gustavo, tornava-se um dos pioneiros. Em seguida viriam Cely Campello, com "Estúpido cupido" e "Banho de lua", e Sérgio Murilo, com "Broto legal".

É também dessa época o *hit* "Rua Augusta", de Ronnie Cord, pseudônimo de Ronaldo Cordovil. A música fazia um elogio ao comportamento rebelde e à velocidade. Tinha como símbolo máximo o automóvel – ícone por excelência da mudança dos tempos. É curioso notar o tratamento dado por Adoniran ao mesmo motivo. Em "Iracema", por exemplo, ouvimos: "Você atravessô a São João/ Vem um carro te pega/ E te pincha no chão". No primeiro caso, a máquina é indutora de *status* e de prazer. No segundo, do revés e da morte. É difícil resistir ao efeito retórico da analogia: enquanto o *rock* entrava na rua Augusta a 120 por hora, o samba era atropelado na avenida São João.

Adoniran podia não ser propriamente um fã de Erasmo Carlos, mas parecia identificar o que se passava. Em 1966, quando a Jovem Guarda dava corpo ao espírito de Ronaldo Cordovil e inspirava o primeiro movimento de afirmação da cultura jovem brasileira, ele respondia à altura com "Já fui uma brasa", composta em parceria com Marcos César: "mas lembro que esse rádio/que hoje toca iê-iê-iê o dia inteiro/tocava 'Saudosa maloca'". E adiante: "E eu que já fui uma brasa/se me assoprarem/posso acender de novo...".

Só amanhã de manhã

Como ator em *O Cangaceiro*, de Lima Barreto,
em 1953. Nessa época, o "poeta da cidade"
ainda estava para ser inventado.

Ainda ia demorar até que alguém resolvesse assoprar a brasa de Adoniran. A partir de 1967, as guitarras da Tropicália, com a cobertura crítica do movimento concretista, fariam barulho e acelerariam o processo que um crítico paulistano chamou de "decadência bonita do samba". Mesmo a bossa nova, que já havia subido morros cariocas para desenterrar sambistas esquecidos, demoraria algum tempo até escalar o morro do Piolho.

Adoniran só não ficou à míngua nesse período por causa de "Trem das onze". Interpretada pelos Demônios da Garoa, a música foi vencedora do concurso de sambas do carnaval carioca de 1965. Com o prêmio de dois milhões de cruzeiros, ele fez uma reforma na casa recém-adquirida. Comprou uma bomba para o poço e pintou as paredes. Como o interior da moradia era muito quente, seguiu a sugestão do pedreiro e mandou erguer o telhado. E continuou se apresentando em circos de subúrbio para completar o orçamento.

Em seu périplo pelos circos da periferia, não costumava ir ao Jaçanã. Nem percorrer os bairros de trem. Seria mais lírico se a ocasião fosse outra, mas o samba que se tornaria o hino de São Paulo foi composto num táxi. E o trem para o Jaçanã, bem, o trem não passava por lá desde 1947. Quem informou o fato ao sambista foi Ormidas do Nascimento, chefe da estação do Jaçanã por dez anos. Em 1966, quando se anunciou a demolição do local, ele acompanhou o músico numa visita de despedida. Entregou a ele um tijolo, um pedaço do telhado e uma lanterna vermelha de aviso aos maquinistas.

Custou-lhe acreditar na popularidade da música. No carnaval de 1965, ele estava na cama, cochilando em frente à tevê, quando chamou a mulher: "Mathilde, será que eu estava dormindo? Vi na tevê, estava tocando "Trem das onze" no baile do Copacabana...". Sem hesitar, a esposa retrucou: "Você está bêbado". Poucos meses depois, os Demônios da Garoa foram apresentar a música no programa do Chacrinha. Tocaram só o acompanhamento, o público já sabia a música de cor.

Assim como ocorrera com "Saudosa maloca", "Trem das onze" fez sucesso primeiro no Rio de Janeiro. Com o detalhe de que emplacou num ano em que os cariocas tinham um motivo a mais para ser bairristas: o quarto centenário da cidade. Mais tarde a música foi gravada na Itália, Iugoslávia, França, Espanha e Portugal. Teve incontáveis intérpretes. De Gal Costa, Elza Soares, Beth Carvalho, Tetê Espíndola e Talismã até os Trapalhões, sem falar das versões adaptadas para comerciais de trens de brinquedo. Num concurso realizado pela Rede Globo no ano 2000, foi eleita a música que melhor representa a cidade de São Paulo (sim, ganhou de "Sampa", de Caetano Veloso).

Mesmo assim, até o fim da vida, o compositor desdenhou, sabe-se lá com qual carga de ironia, o alcance de seu trabalho.

Para ele, "Trem das onze" não era mais que uma música sobre o problema da condução. "Não existia trem para voltar pra casa depois desse horário, e todo mundo reclamava, todo mundo sentia na carne essa situação. Acho que não faz bem pras autoridades quando elas ouvem essa música." Dizia ainda, com literalidade desconcertante, que "Saudosa maloca" é mais perene que "Trem das onze" porque pode ser lembrada sempre que uma casa é demolida.

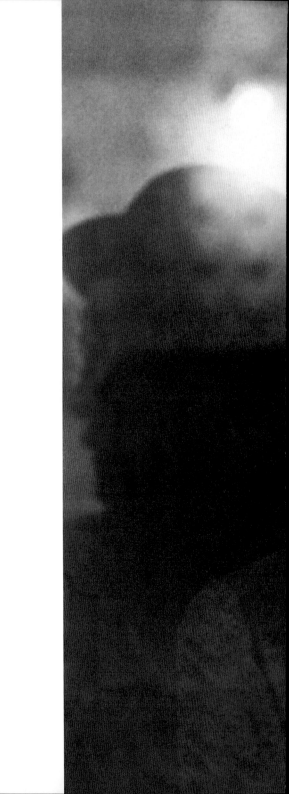

Brasa acesa

Foto da capa do disco produzido por
Pelão em 1975: finalmente, a mídia
e a classe dita "intelectualizada"
começam a ver em Adoniran um
compositor de qualidade.

Oswaldo Moles, além de prolífico, era um triste. Sua produtividade colossal era um modo de canalizar uma agitação íntima de proporções insuspeitadas até por seus amigos mais próximos. Era em tom de brincadeira que costumava repetir uma teoria segundo a qual o homem seria o estágio menos evoluído da vida na Terra — e por isso o mais distante de Deus. Ao passar para um grau mais elevado, ele reencarnaria como bicho, que seria o passo intermediário, ainda com certas imperfeições a purgar. O nível mais puro da existência, a serenidade total e banhada pela luz divina, seria atingido numa terceira encarnação, agora em forma de planta. Os colegas estranhavam que alguém daquela vivacidade endossasse uma teoria desse tipo, mas punham o gracejo na conta de seu jeito excêntrico. Até que, de repente, perceberam que a brincadeira tinha mesmo um fundamento amargo. Em 1968, atolado em dívidas e frustrações amorosas, com os programas de rádio indo de mal a pior, Oswaldo Moles se matou com um tiro na cabeça.

Para Adoniran, era o que faltava para completar um cenário sombrio. Naquele fim dos anos de 1960, parecia que o destino do compositor seria mesmo o ostracismo. Desde 1966, não havia remédio capaz de reavivar as brasas de Charutinho. Dois anos depois, com a morte de Moles, *Histórias das malocas* foi tirado do ar. Pouco antes do suicídio do colega, eles tentaram emplacar a última parceria. Inscreveram a música "Patrão, mulher e cachaça" na I Bienal do Samba, promovida pela TV Record. Acabaram desclassificados.

Com o fim de seu personagem mais duradouro, Adoniran foi posto de lado na rádio. Em linguagem contemporânea, começou a ser "fritado". Mesmo assim, esforçava-se para seguir a rotina. Todos os dias, ele consultava a programação para conferir o que já sabia: seu nome não estava escalado para nada. O melhor que conseguiu foi na tevê. Em 1966, atuou numa novela humorística da TV Record chamada *Ceará contra 007*. Ele interpretava o personagem Comendador, que de certa maneira era um reflexo da situação que vivia em sua carreira: sua principal função era levar pancadas de guarda-chuva distribuídas pelo cientista aloprado Bartholomeu Guimarães. Esse personagem, interpretado por Ronald Golias, padecia de um mal-estar intestinal crônico e tinha um de seus inventos, o jabá sintético, disputado por diversos agentes secretos, entre os quais o ursino Jaime Bonde, vivido por Jô Soares.

Até que em 1972 veio a aposentadoria: dois mil cruzeiros por mês. Não, não era suficiente para deixar de trabalhar. Nem mesmo os bicos no circo ele poderia largar.

O compositor Adoniran Barbosa podia ser o mais urbano entre os sambistas. Já o ator não primava por essa característica. No cinema, seu tipo mais importante foi um cangaceiro. Na tevê, o papel que lhe daria maior destaque seria o de um pescador. Era ele o Chico Belo da novela *Mulheres de areia*, transmitida pela TV Tupi em 1973. Como se vê, não passava pela cabeça dos produtores associar a idéia de "poeta da cidade" aos tipos que ele interpretava. Até porque essa idéia ainda não existia.

Ainda. O fato é que, enquanto *Mulheres de areia* esteve no ar, não era raro que lhe perguntassem na rua: "você não é aquele pescador da novela?" Contribuiu para o aumento da popularidade a atividade de garoto-propaganda que ele exerceria com assiduidade nos anos 1970. O comercial mais famoso que fez foi o da cerveja Antarctica. Era ele que proferia o bordão "Nóis viemo aqui pra beber ou pra conversar?". Adoniran gostava de contar que a frase tinha sido criada pela agência de publicidade a partir de uma anedota sobre um casal que vai a um motel e engata uma conversa demorada. Até que o homem se irrita e pergunta: "Então, nós viemos aqui pra conversar ou pra...".

Para alguém que passara a vida inteira no rádio, esse tipo de reconhecimento era uma novidade e tanto. A onipresença da imagem, que em certa medida havia atrapalhado sua carreira, agora conspirava a seu favor.

Um festival realizado no Anhembi, naquele mesmo ano, contribuiria para as desconfianças do autor de que algo ainda poderia acontecer. O evento foi promovido pela gravadora Polygram, que reunia o melhor da música brasileira na época. Participaram Caetano Veloso, Elis Regina, Gilberto Gil, Jorge Ben, Maria Bethânia e uma jovem chamada Gal Costa, que naquele dia resolvera apresentar "Trem das onze". Os curiosos podem averiguar a versão no disco *Phono 73*, relançado em CD em 1998 pela mesma gravadora.

Além de Gal Costa, outra cantora seria fundamental para o processo de redescoberta de Adoniran: Elis Regina. Entre 1965 e 1967, ela apresentou um programa na TV Record, *O fino da bossa*, que teve papel importante para dar visibilidade à música popular brasileira. O programa era transmitido de São Paulo, inicialmente do Teatro Record Consolação. Depois que este foi destruído por um incêndio, passou a ser gravado no Teatro Record Centro, antigo Paramount. Elis, que dividia o comando da atração com Jair Rodrigues, recebeu Adoniran logo no primeiro ano do programa. "Eu agora vou prestar a minha homenagem a um artista que não pertence à minha geração. Isto é, ele não tem vinte anos", disse ela, então com exatos vinte anos, na abertura do programa. A participação de Adoniran foi registrada no disco *Documento Inédito*, gravado pela Eldorado em 1984.

Naquele dia, Elis cantou um trecho de "Saudosa maloca" e outro de "Bom dia, tristeza". Adoniran cantou trechos de "Luz da Light", "Prova de carinho" e "As mariposa". Antes de mostrar "Um samba no Bexiga", ouviu de Elis a seguinte pergunta: "Mas por que o bairro tem o apelido de Bexiga?". E respondeu: "Não sei. Quer dizer, eu sei, mas pra explicar demora muito".

Em entrevista ao jornalista Zuza Homem de Mello, Elis diria, já no fim dos anos 1970, como aquela faceta cômica de Adoniran a impressionara:

> Hoje eu sei que Adoniran era cômico. Na época eu não sabia, ele era um compositor para mim. Não sabia que ele tinha feito esquete de rádio, porque minha informação em termos de rádio é muito mais da Rádio Nacional do Rio de Janeiro que da Rádio Nacional de São Paulo ou da Rádio Record. De São Paulo a gente sabia da Isaura Garcia, do Pagano Sobrinho, não se tinha assim um referencial forte em relação a São Paulo. De repente me aparece esta peça com aquele suposto mau humor, suposto porque ele não é mal-humorado: tem cara de mal-humorado, voz de mal-humorado mas é de uma candura só. E o engraçado do Adoniran – eu morro de rir – ele diz assim: "Pergunta pra mim tal coisa". Aí você pergunta e ele responde. Ele só responde o que quer responder. Eu conheci Adoniran nesse dia, fiquei muito impressionada com a transparência dele, e eu duvido que algum dia tenha passado na cabeça do Adoniran uma maldade com relação a quem quer que seja.

Os dois fariam mais uma parceria importante. Seria em 1980, já no terceiro LP de Adoniran. O disco, comemorativo dos 70 anos do compositor, foi produzido por Fernando Faro para a gravadora EMI. Além de Elis, Faro chamou Carlinhos Vergueiro, Djavan, Simone, Clementina de Jesus, Vânia Carvalho, entre outros, para dar interpretações novas a antigos sucessos de

Adoniran. Incluiu também faixas inéditas, como "Torresmo à milanesa", parceria sua com Carlinhos Vergueiro, "Viaduto Santa Ifigênia" e "Fica mais um pouco, amor".

Mas a canção mais bem-sucedida do disco foi mesmo a gravada por Elis: "Tiro ao Álvaro". Ela aprendeu a música meia hora antes de entrar no estúdio – e até hoje sua gravação é considerada a definitiva. Quando saiu o disco, não foram poucos os que pensaram ser aquela uma composição inédita. Na verdade, a música, composta em parceria com Oswaldo Moles, fora lançada pelo próprio Adoniran em 1960 e depois, em 1966, pelo grupo Os Maracatins. Mas nunca fizera sucesso.

O processo de redescoberta de Adoniran se consolidaria em setembro de 1974. Foi só nessa data, aos 64 anos de idade, mais de quarenta de carreira e uma obra tão dispersa quanto vasta, que Adoniran lançou aquilo que se pode chamar de seu LP de estréia. O caminho até a gravação foi trilhado pelo produtor João Carlos Botezelli, o Pelão.

Os dois já se conheciam desde o fim dos anos 1950, quando o jovem produtor começou a freqüentar os mesmos bares que Adoniran Barbosa. A amizade se estreitou quando Pelão, no início dos anos 1970, produziu uma série de shows no Teatro 13 de Maio, no Bexiga, que reuniu medalhões do samba carioca, como Nelson Cavaquinho, Cartola e Zé Keti, e um paulista de Valinhos chamado João Rubinato. Naquele ano de 1974, quando o produtor telefonou a Adoniran para convidá-lo a gravar, os dois já eram velhos amigos. Poucos meses antes, ele havia produzido o disco de estréia de Cartola, de modo que não havia dúvidas: o convite era para valer. Passada a surpresa, Adoniran retrucou, sem pestanejar: "tá bom, mas e o contrato?"

Pouquíssimo tempo depois, lá estava ele no estúdio de dois canais da Odeon, na rua Bento Freitas, no centro de São Paulo. Pelão havia selecionado doze músicas do repertório do sambista, escalado os músicos que iriam acompanhá-lo e convidado o maestro José Briamonte para fazer os arranjos. Adoniran estava à vontade no estúdio – gravava tudo de primeira. Pediu apenas para voltar uma música em que havia cometido um imperdoável deslize gramatical: pronunciou dinheiro em vez de "dinhero".

Na mesma sessão, foi interrompido no primeiro acorde de "Prova de carinho" pelo violonista Poly, um dos músicos escalados para acompanhá-lo no estúdio e conhecido como um dos melhores tocadores de guitarra havaiana do Brasil. Mal o sambista entoara "Com a corda mi, do meu cavaquinho", ouviu de Poly, que punha o cavaquinho de lado, atarantado: "espera aí, Adoniran, cavaquinho não tem corda mi". Muito cordato, o sambista respondeu: "É verdade. Mas se era pra tirar uma corda, era melhor tirar uma que não tem, né? Assim fica mais fácil de tocar".

Seis meses depois de lançado o disco, Pelão recebeu um telefonema do diretor da Odeon. O executivo convocava-o para uma reunião. O produtor não tinha dúvidas: assim como vinha fazendo com outros artistas pouco comerciais, a gravadora iria dispensar Adoniran. Dirigiu-se à sede da Odeon resignado. Bastou entrar na sala do diretor, no entanto, para perceber que suas previsões podiam estar erradas. E de fato estavam: a gravadora gostara tanto da repercussão que queria fazer mais um disco. E assim, em julho de 1975, chegava às lojas o segundo LP de Adoniran, com mais doze faixas. Entre elas, uma que havia sido proibida no disco anterior: "Samba do Arnesto". Temerosa das profanações perpetradas contra o idioma pátrio, a censura vetara a canção por causa dos erros de português.

O segundo disco marcou também um momento crucial para a redescoberta de Adoniran: a aliança com a intelectualidade. Convidado pelo produtor a escrever o texto da contracapa do disco, o professor emérito de teoria literária da Universidade de São Paulo e um dos intelectuais de maior prestígio no Brasil na segunda metade do século XX, Antonio Candido, era a chancela mais nobre que um artista poderia desejar. A aprovação de um crítico desse porte contribuiu para a queda de preconceitos da classe "culta" a respeito de sua suposta ingenuidade artística. Os jornalistas dos cadernos culturais descobriam aquele "gênio injustiçado", tiravam de sob as cinzas da cidade um "esplêndido trovador urbano", enfim, esmeravam-se em criar maneiras de incensar o sambista como se ele tivesse acabado de surgir. Algumas escolas de São Paulo passaram a incluir estudos sobre Adoniran na grade curricular, e de repente sua principal audiência era uma que nunca havia lhe dado grande atenção: o público universitário. Não foi à toa que Carlinhos Vergueiro, um de seus parceiros mais queridos no fim da vida, declarou que o público de Adoniran crescia a cada vestibular.

Pelão conta que o texto de Antonio Candido, reproduzido no apêndice deste livro, foi um marco na vida do sambista. Ele gostou tanto que pediu para ser apresentado ao professor. Como agradecimento, queria lhe presentear com uma bicicleta. Não uma bicicleta comum, naturalmente, mas uma bicicleta de brinquedo, uma entre as centenas de miniaturas e objetos de sucata que ele passara a fabricar numa oficina montada no quintal de sua casa. Foi por esse motivo que os dois se encontraram pela primeira vez. "Ao Tonho, um abraço com muito afeto, Adoniran Barbosa", escreveu o sambista na capa do disco que entregou ao professor.

Ao lado de Billy Blanco, durante
gravação de programa na rede
Globo, em 1977: valorização tardia
dos "bambas do samba".

O itinerário durante os últimos anos era o mesmo. Por volta das 12h30, ele chegava para almoçar no restaurante Parreirinha, na rua General Jardim. Em tempos de saúde mais viçosa, o horário era outro, mas a essa altura fazia anos que ele trocara as doses de uísque pelas miniporções, devidamente cobradas pela metade, e pelo escalopinho à milanesa. Sentava-se no fundo, na mesa 34, perto do balcão da cozinha. Finda a refeição, apalpava os bolsos em busca dos cigarros que estava proibido de fumar e pedia um a Waldemar Dias Coelho, sócio do restaurante. Depois mudava de mesa. Vinha para uma perto da rua, filava mais alguns cigarros e pedia ao garçom Xixa para ir à lotérica ao lado lhe fazer um jogo na loteria esportiva.

Seguia então a pé, por entre as luzes néon, ainda apagadas, das saunas masculinas, clubes privês e casas de show da região — já conhecida como Boca do Lixo —, até chegar à sede da Rádio Eldorado, na rua Major Quedinho. No sofá da sala de espera, deitava-se para a sesta. Por vezes era interrompido pelo toque do telefone. Era para o número da rádio que devia discar quem quisesse falar com ele. Até um produtor da Eldorado, o Zé Nogueira, acabou fazendo as vezes de agente de Adoniran, e acertava de lá eventuais shows e entrevistas.

Outro lugar que não deixou de freqüentar nos últimos dez anos de vida foi o La Barca, na mesma rua General Jardim. O dono do lugar era Maximino Parizzi, um dos integrantes da Talismã, a banda que passou a acompanhar Adoniran depois do rompimento com os Demônios da Garoa. Ele chegava no fim da tarde, por volta de 17h. Sentava-se no balcão e tomava um Old Eight enquanto conversava com o dono. Quando o trânsito começava a melhorar, despedia-se com um meneio de chapéu, pedia que lhe chamassem um táxi e voltava para casa.

Quando os jornalistas redescobriram Adoniran, o sambista começou a desenvolver um traço que carregaria até o fim da vida: o desconforto ao conceder entrevistas. "Começa a perguntar, vai. O que você quer que eu fale, hein? Não sei, eu acho que digo sempre as mesmas coisas", dizia ele a um repórter da *Folha de S.Paulo* em 1974.

Sempre impaciente, ele ameaçava interromper a conversa a cada pergunta. Inventava compromissos de última hora, dizia que tinha um almoço marcado ou que tinha de ir "pra Mogi". A gravata borboleta, que em anos anteriores era tão inseparável quanto o chapéu, agora ficava no bolso. Ele só concordava em usá-la na hora da fotografia. E tinha alguma razão quanto à sua criatividade como entrevistado, pois os temas, de fato, eram sempre os mesmos: nostalgia e resignação.

Quando a pergunta era sobre São Paulo, e sempre era, ele discorria brevemente sobre a descaracterização da cidade. Dizia que o Brás, o Bexiga e a Mooca não eram mais os mesmos, que a praça da Sé tinha perdido o charme, que antes, imagine só, havia *footing* na rua Direita. Hoje, ele continuava, não se pode mais sair à noite, há muita violência, tem polícia por todo canto, naquele tempo é que era bom.

Sobre a vida pessoal, era sempre esquivo. Se lhe perguntavam sobre as novas gerações de músicos, o *rock*, o rompimento com os Demônios da Garoa, o ostracismo, o que fosse, o laconismo era o mesmo. Estava tudo bem, não havia mágoas. Nos dias de maior loquacidade, perguntava por que motivo não tinham ido procurá-lo antes, pois agora estava muito velho para se importar com o sucesso. E, mais para o fim da vida, costumava dar a conversa por encerrada com um bordão: "É isso. O resto, você inventa aí".

Essa última frase revela o grau de desprendimento do sambista. Era mais importante se livrar logo do entrevistador do que dar informações precisas sobre sua vida. Reconstituir sua trajetória a partir dessas declarações, portanto, é tarefa delicada. Não foram poucas as vezes em que afirmou já ter morado no Jaçanã, que seus pais eram de Veneza, que o Joca de "Saudosa maloca" de fato existiu. Isso sem falar nas datas, para as quais não dava a mínima importância.

Um dos poucos assuntos que podiam fazê-lo alongar a conversa era o futebol. São próximas as relações entre sua carreira e o tema. Um exemplo é Barbosinha Mal-Educado da Silva, aluno da *Escola risonha e franca*, um dos personagens mais populares interpretados por Adoniran antes de Charutinho. Foi ele a inspiração para o nome da equipe de futebol que o sambista fundou. Chamava-se justamente Barbosinha Futebol Clube. Não há registros sobre o desempenho dos petizes da equipe nos campeonatos da categoria, mas ao menos um mérito ninguém lhe tira: foi um dos primeiros times dente-de-leite de São Paulo.

O nome Charutinho também tem a ver com futebol. É uma homenagem a Alfredo Ignácio Trindade, o presidente do Corinthians no início da década de 1950. Oswaldo Moles testemunhou o dia em que o cartola, presença constante nos corredores da Rádio Record, deu um charuto de presente a Adoniran. De pronto o sambista o acendeu. Moles viu e pespegou-lhe o apelido. Detalhe: *Histórias das malocas* foi ao ar em 1954, ano do quarto centenário da cidade e da vitória do Corinthians na final do Campeonato Paulista. Nos anos seguintes, não adiantou Adoniran compor sambas em homenagem ao time. E olha que ele os fez aos montes. ("Coríntia, Coríntia/Meu amor é o Timão/ Coríntia, cada minuto/Dentro do meu coração" são alguns dos versos menos laudatórios que se podem encontrar). De 1954 em diante, o clube entraria num período de escassez de títulos que duraria até 1977.

Como jogador, o sambista não era nenhum primor, mas tinha lá suas veleidades. Ele chegou a fazer parte do time da Rádio Record. Jogava de meia-direita, mas, ele mesmo confessava, era bom só por dez minutos. Pelo resto do tempo, arrastava-se, o pulmão chiando a cada passo. Um dia, o time treinava no campo do Banespa.

Então sabe o que eu fiz? Um dia, num treino, sabe o que aconteceu? Eu peguei do *media catch*... sabe o que é *media catch*? É meio de campo. Veio uma bola pra mim, me pegou na veia, sabe? Pegou na veia. Peguei o chute pra valer e fiz um gol de *media catch*... o Chico Paca tava no gol. Ele se virou pra cambada e disse "acabou o treino". Me pegaram no colo, acabou. Um gol de *media catch*? Eu fazer um gol? A bola fez assim, "fiuuuuu", e foi lá, e ela fez mil curvitas e a bola entrou e acabou o treino. O Blota Júnior, que era o treinador, parou o jogo, me pegou no colo e acabou o treino. Foi uma festa.

A distância entre o Adoniran daquele tempo e o Adoniran agora celebrado era grande. Tão grande quanto a que separava essa festa no campo do Banespa daquele displicente pontapé inicial, no estádio do Juventus, no dia da comemoração pelos 70 anos. Não adiantava virem carregá-lo. Fazia tempo, por auto-defesa, resignação e simplesmente cansaço, Adoniran preferira retirar-se para as laterais do campo. Não só porque se tornara difícil jogar o jogo de uma época que lhe era estranha. Mas também porque, de certo modo, as tribunas da cidade sempre foram seu lugar.

Às 17h15 do dia 23 de novembro de 1982, no Hospital São Luiz, no bairro do Itaim-Bibi, o pulmão de Adoniran pediu a conta pelos maços de Yolanda que começara a fumar antes de entrar na adolescência. Em outubro daquele ano, a bomba de oxigênio e o nebulizador que o acompanhavam em casa não bastavam mais para aliviar suas crises respiratórias, cada vez mais freqüentes. No dia 5, foi internado pela primeira vez. A crise se agudizou logo que chegou no hospital, e ele teve de ser transferido às pressas para a UTI. Ficou mais de quinze dias em terapia intensiva, e só teve alta do hospital no dia 30.

Duas semanas depois, em 16 de novembro, voltou a ser internado. Uma forte crise de bronquite, decorrente do enfisema adiantado de que padecia havia anos, forçara a volta ao hospital. Mesmo em estado grave, já desenganado pelos médicos, mantinha a presença de espírito. Planejava viagens com Matilde, praguejava contra as injeções que lhe aplicavam as enfermeiras e dava sábios conselhos ao neto. "Quando levei meu filho, então com 11 anos, para ver o avô já internado pela última vez no São Luiz, ele recomendou ao menino: 'Trata de aprender italiano para ir defender os teus direitos sobre o Trem das onze lá na Itália'", conta Maria Helena, a filha do compositor. Dois dias depois da internação, uma sexta-feira, Adoniran entrou em coma. Chegou a se recuperar e conseguiu sair da UTI na segunda-feira. Mas, no dia seguinte, entrou novamente em coma. Morreu poucas horas mais tarde.

O corpo de Adoniran foi sepultado no dia seguinte. Cerca de quinhentas pessoas foram ao cemitério da Paz, no Morumbi, para acompanhar o enterro. Distribuiu-se cachaça, consumida com menos moderação do que seria recomendável. O Museu do Bexiga mandou uma coroa de flores e uma faixa, que foi depositada sobre seu corpo, com a inscrição *ciao bello*. Ao lado de Arnaldo Rosa e Antoninho, os dois integrantes do Demônios da Garoa que compareceram, o grupo Talismã entoou alguns sambas do compositor. A pequena capela estava cheia de câmeras de tevê. Fechado o caixão, cobriram-no com a bandeira da escola de samba Colorado do Brás, que homenageara Adoniran naquele ano. Ao som de "Trem das onze", entoada por mais de trinta minutos seguidos, os presentes despediram-se do sambista que mal tiveram tempo de conhecer.

Anexos

Adoniran no fim da carreira:
redescoberto pela mídia.

Adoniran Barbosa*

Antonio Candido

Adoniran Barbosa é um grande compositor e poeta popular, expressivo como poucos; mas não é Adoniran nem Barbosa, e sim João Rubinato, que adotou o nome de um amigo funcionário do Correio e o sobrenome de um compositor admirado. A idéia foi excelente, porque um artista inventa antes de mais nada a sua própria personalidade; e porque, ao fazer isto, ele exprimiu a realidade tão paulista do italiano recoberto pela terra e do brasileiro das raízes européias. Adoniran Barbosa é um paulista de cerne que exprime a sua terra com a força da imaginação alimentada pelas heranças necessárias de fora.

Já tenho lido que ele usa uma língua misturada de italiano e português. Não concordo. Da mistura, que é o sal de nossa terra, Adoniran colheu a flor e produziu uma obra radicalmente brasileira, em que as melhores cadências do samba e da canção, alimentadas inclusive pelo terreno fértil das Escolas, se aliaram com naturalidade às deformações normais de português brasileiro, em que Ernesto vira Arnesto, em cuja casa "nós fumo e não encontremo ninguém", exatamente como por todo este país. Em São Paulo, hoje, o italiano está na filigrana.

A fidelidade à música e à fala do povo permitiram a Adoniran exprimir a sua cidade de modo completo e perfeito. São

---

* Texto publicado na capa do LP *Adoniran Barbosa*, lançado em 1975 (LP Odeon 31 C 062 421112).

Paulo muda muito, e ninguém é capaz de dizer aonde irá. Mas a cidade que nossa geração conheceu (Adoniran é de 1910) foi a que se sobrepôs à velha cidadezinha caipira, entre 1900 e 1950; e que desde então vem cedendo lugar a uma outra, transformada em vasta aglomeração de gente vinda de toda parte. A nossa cidade, que substituiu a São Paulo estudantil e provinciana, foi a dos mestres-de-obra italianos e portugueses, dos arquitetos de inspiração neoclássica, floral e neocolonial, em camadas sucessivas. São Paulo dos palacetes franco-libaneses do Ipiranga, das vilas uniformes do Brás, das casas meio francesas de Higienópolis, da salada da Avenida Paulista. São Paulo da 25 de Março dos sírios, da Caetano Pinto dos espanhóis, das Rapaziadas do Brás — na qual se apurou um novo modo cantante de falar português, como língua geral na convergência dos dialetos peninsulares e do baixo-contínuo vernáculo. Esta cidade que está acabando, que já acabou com a garoa, os bondes, o trem da Cantareira, o Triângulo, as cantinas do Bexiga, Adoniran não a deixara acabar, porque graças a ele ela ficará, misturada vivamente com a nova mas, como o quarto do poeta, também "intacta, boiando no ar".

A sua poesia e a sua música são ao mesmo tempo brasileiras em geral e paulistanas em particular. Sobretudo quando entram (quase sempre discretamente) as indicações de lugar, para nos porem no Alto da Mooca, na Casa Verde, na Avenida São João, na 23 de Maio, no Brás genérico, no recente metrô, no antes remoto Jaçanã. Quando não há esta indicação, a lembrança de outras composições, a atmosfera lírica cheia de espaço que é a de Adoniran, nos fazem sentir por onde se perdeu Inês ou onde o desastrado Papai Noel da chaminé estreita foi comprar Bala Mistura: nalgum lugar de São Paulo. Sem falar que o único poema em italiano deste disco nos põe no seu âmago, sem necessidade de localização.

Com os seus firmes 65 anos de magro, Adoniran é o homem de São Paulo entre as duas guerras, se prolongando na que surgiu como jibóia fuliginosa dos vales e morros para devorá-la. Lírico e sarcástico, malicioso e logo emocionado, com o encanto insinuante da sua antivoz rouca, o chapeuzinho de aba quebrada sobre a permanência do laço de borboleta dos outros tempos, ele é a voz da Cidade. Talvez a borboleta seja mágica; talvez seja a mariposa que senta no prato "das lâmpada" e se transforma na carne noturna das mulheres perdidas. Talvez João Rubinato não exista, porque quem existe é o mágico Adoniran Barbosa, vindo dos carreadores de café para inventar no plano da arte a permanência da sua cidade e depois fugir, com ela e conosco, para a terra da poesia, ao apito fantasmal do trenzinho perdido da Cantareira.

Antonio Candido é crítico literário e professor emérito da USP. Autor de extensa obra, na qual se destacam *Formação da literatura brasileira* e *Os parceiros do Rio Bonito.*

Samba, estereótipos, desforra[*]

José Paulo Paes

Ainda que Vinicius de Moraes não a houvesse realmente pronunciado, a frase infeliz ficou para sempre ligada a seu nome em nosso folclore cívico. Depois de ter servido de munição aos bairristas arregimentados na tola guerra Rio–São Paulo, ela acabou caindo no esquecimento, de onde é mister agora retirá-la para lhe dar foros de verdade. Isso porque, finalmente, São Paulo se converteu no túmulo do samba, desde que em seu chão foi sepultado Adoniran Barbosa.

Não bastaria dizer, como um locutor de rádio dos velhos tempos, que ele era o samba em pessoa. Cumpre antes ressaltar a consubstancialidade entre a sua figura humana e sua obra de compositor. Pitoresca consubstancialidade que traz à memória, por analogia, o rosto suarento de Satchmo, com a voz rouca a desenhar os mesmos arabescos do seu trompete prodigioso, ou os dentes de Fats Waller à mostra numa risada de rinoceronte, imagem *en abyme* do teclado onde ele ritmava a jovialidade bufa de sua música. Assim também, com o seu chapéu de aba rebatida, o bigodinho de galã de antigamente, a gravata borboleta, a voz de lixa a sibilar nos plurais pernósticos ou a espraiar-se nas simplificações fonéticas da fala ítalo-caipira de São Paulo, Adoniran Barbosa compunha fisicamente um tipo de elegância suburbana que é impossível separar dos seus sambas, já que neles, sob o signo da caricatura finamente

---

[*] Texto publicado em *Folha de S.Paulo*, Caderno Folhetim, 19/12/1982.

dosada, o subúrbio e o bairro proletário da cidade se vêem fielmente retratados.

Tal *physique du rôle* era realçado pelas frases meio sem pé nem cabeça que ele gostava de repetir como uma espécie de marca de fábrica – o "sem-duvidamente" a pontilhar sua sentenciosidade de Dr. Pangloss num filme de Mazzaropi no qual o enredo do "Candide" de Voltaire era saborosamente acablocado; o "sabe o que nóis faiz? O quê? Nóis num faiz nada, porque depois que nóis vai, despois que nóis vorta", breque final das suas interpretações do "Samba do Arnesto": o "nóis veio aqui pra beber ou pra conversar?" com que tornou memorável um comercial de televisão.

Quando se diz de Adoniran Barbosa haver ele sido o sambista de São Paulo, a pronta aceitação do epíteto já tornado lugar-comum leva-nos a esquecer amiúde sua significação mais fundamental. Ele não fez jus ao epíteto pelo simples fato de aqui ter nascido e de aqui ter sempre vivido, nem tampouco por aqui ter produzido, superiormente embora, um simulacro daquilo de que o Rio detinha a patente e de que fornecia os estereótipos. Mereceu-o, antes e acima de tudo, porque conseguiu criar um samba diferencialmente paulista. Essa diferencialidade se ostenta, desde logo, no uso habilidoso, para fins de um humor por vezes tragicômico, da fala acaipirada, aqui e ali engastada de um italianismo, que se ouve nas ruas da cidade e de que Adoniran tirava efeitos saborosos, como o *staccato* do "dindin-donde" e o melodramático de "cada tauba que caía, doía no coração" de "Saudosa maloca", ou então a "lâmpida" – homem de quem "As mariposas", mulheres, dão "vorta em vorta".

Malandragem e batente

Patenteia-se igualmente a diferencialidade nas referências localistas, sobretudo a bairros populares: ao Brás, onde os amigos de Arnesto dão com a cara na porta; à Casa Verde, onde o samba esquenta toda a noite; ao Jaçanã, para onde regressa pontualmente o ajuizado amante do "Trem das onze". Ou, ainda, à avenida São João, figuração por excelência da correria e da azáfama da vida metropolitana (ali é atropelada Iracema, quando a atravessa distraidamente na contramão), assim como *locus amoenus* de vagabundos e boêmios avessos à corrida de ratos, a cujo número pertencem o Mato-Grosso e o Joca – eles preferem continuar vadiando pela São João a ir morar na maloca legalizada que no alto da Mooca foi construída por um ex-companheiro de marginalidade agora convertido à religião do trabalho ("Abrigo de vagabundo").

Com falar em "religião do trabalho", toquei naquele que considero o ponto fundamental da diferencialidade do samba de Adoniran Barbosa. Só se poderá entender bem esse ponto se se tiver em mente que o estereótipo mais persistente do samba carioca foi a malandragem, tradição de que a antiga Capital Federal se gloriava pelo menos desde os tempos do Rei Velho, quando os capoeiristas já davam o que fazer aos esbirros do Major Vidigal, conforme se pode ler nas *Memórias de um sargento de milícias*. Imagino seja dispensável trazer para aqui exemplos da freqüência desse estereótipo de base; lembrarei apenas que a palavra "malandro" figura tanto na letra de um dos mais antigos sambas conhecidos, o "É batucada", do "primitivo" Caninha, como no título e na temática da recentíssima "Ópera do malandro", de Chico Buarque de Holanda. Para o entendimento do ponto aqui levantado, basta reconhecer a persistência do estereótipo: não é preciso rastrear sociologicamente o vínculo samba-malandragem até a marginalidade da favela ou do submundo da antiga Lapa em relação ao "centro" da cidade, nem querer reconhecê-lo, diluído em traço de comportamento coletivo, na fleuma e no hedonismo jeitoso com que, convencionalmente, se vê o carioca a haver-se com os problemas da subsistência.

A essa imagem convencional de *bon vivant* corresponde, simetricamente inversa, mas não menos convencional, a imagem do paulista fanático do trabalho e impermeável aos prazeres da vida. É fácil ver que a polaridade no caso advém da contraposição estereotípica da cidade naturalmente turística à cidade irremediavelmente industrial. Todavia, ainda que simplifiquem e deformem a realidade ao encará-la pela ótica do esquema e da hipérbole, nem por isso deixam os estereótipos de refletir-lhe alguns dos traços mais salientes.

Daí o caráter diferencialmente paulista que, no plano dos valores estereotípicos, os sambas de Adoniran Barbosa assumem, na medida em que se ocupam antes em retratar o mundo suburbano do trabalho do que o mundo marginal da malandragem ou da boêmia. Paradigmáticos, nesse sentido, são os versos de "Abrigo de vagabundo", para os quais já se chamou a atenção, em que são retomados, em outra clave, a problemática e os figurantes de "Saudosa maloca". Um dos ex-moradores desta é quem assume a elocução na primeira pessoa (como já assumira antes) para contar que, "trabalhando o ano inteiro numa cerâmica", conseguiu arranjar dinheiro bastante para comprar um pequeno lote de terreno e ali erguer a sua maloca definitiva, depois de conseguir planta com um amigo da Prefeitura; mesmo que os seus antigos companheiros de vadiagem não o houvessem querido acompanhar, ele continua a oferecer sua nova casa "aos vagabundos que não têm onde morar".

Positividade do trabalho

De notar aqui, além da fidelidade sentimental do elocutor a um passado a que renunciou, é a ênfase na positividade do trabalho, tão bem marcada nos versos "quem trabalha / tudo pode conseguir", a que se contrapõe, com igual ênfase, a negatividade da vadiagem: Joca e Mato-Grosso possivelmente "andarão jogados na avenida São João / ou vendo o sol nascer quadrado / na Detenção". Esta referência às coerções impostas pelo Poder ou Lei aos que refogem ao imperativo do trabalho é completada logo adiante pelo reparo de que "ninguém pode demolir" a nova maloca porque, diferentemente da outra, ela "está legalizada". Igual "legalismo" já transparecia, de resto em "Saudosa maloca", quando o mesmo elocutor, à chegada dos "homem com as ferramenta", mandatários do "dono (que) mandou derrubar", reconhecia os direitos demolidores da Propriedade, do Progresso e da Lei e atalhava o protesto de Mato-Grosso com um conciliador "os home tá com a razão, / nóis arranja outro lugar".

Transparece ainda o legalismo, e desta feita tocando as raias do grotesco, no recitativo com que o elocutor de "Iracema" se dirige à lembrança de sua noiva morta e atropelada para admoestá-la: "o chofer não teve culpa, / você atravessou na contramão". E não seria demais, para ter-se a medida final desse legalismo que sequer nos transes do pesar amoroso esquece as leis do trânsito, sublinhar o apego aos deveres filiais de que dá mostras o elocutor do "Trem das onze" quando interrompe pontualmente o seu idílio (nada platônico, pelo que deixam entender as conotações eróticas do verbo "ficar" e do vocativo "Mulher") para pegar o último trem, visto que, filho único cuja mãe não dorme antes de sua chegada, a ele compete zelar pela manutenção e segurança da casa.

Não vejo, na ingenuidade dessa aceitação das leis da propriedade como do trânsito, dessa fé no progresso individual e coletivo, dessa crença na positividade do trabalho e da família, sintomas de uma consciência alienada em face da ideologia de dominação, tal como veria algum intolerante cobrador de posições, assim como não vejo a malandragem como sobretudo uma forma larvar de protesto contra o utilitarismo espoliador da dita ideologia. A meu ver, o que o ex-metalúrgico-encanador-serralheiro e que sei eu mais Adoniran Barbosa conseguiu exprimir, com lapidar pertinência, em alguns dos seus melhores sambas, foi o anseio de dignidade humana que leva o trabalhador a orgulhar-se de seu trabalho, ainda que injustamente remunerado: a erguer com as próprias mãos uma casa para si e para os seus, mesmo que ela não passe de uma maloca; a buscar nas instituições legais, por discriminatórias ou corrompidas que sejam, uma forma qualquer de segurança.

Irreverência e humor

É preciso não esquecer, além disso, a forte componente boêmia da personalidade de Adoniran Barbosa, sempre pronta a aparar os eventuais excessos do seu bom-mocismo com a tesoura afiada da irreverência e do humor. Um humor dotado de agudo senso de medida, incapaz de carregar no traço, que se mantém sempre leve e preciso, a ponto de fazer depender de uma simples contraposição de palavras, mormente em posição de rima, todo o sal cômico de uma letra de samba. É o caso, por exemplo, de "Acende o candeeiro", cujos versos veiculam um aviso à negra Maria de que não se esqueça de comprar vela e querosene para iluminar o terreiro à noite, durante o ensaio geral; o aviso é feito em linguagem chã, anódina, sem maior graça, a não ser no verso final, quando a adquire, de súbito, pelo despropositado surgimento da palavra *combustível* no contexto, palavra técnica e pernóstica que se faz ainda mais despropositada pela rima visivelmente forçada com *incrível*.

Efeito semelhante de "estranhamento" vocabular ocorre em "Véspera de Natal", em que o entalamento do improvisado Papai Noel no buraco da chaminé demasiado estreita é tornado supinamente ridículo pela repetição de um estribilho no qual, para poder rimar com *sacrifício*, o "buraco" prosaico é substituído por um douto *orifício*. Em outra pauta, atente-se, desde o título de "Apaga o fogo, Mané", para a duplicidade de sentidos, tanto mais maliciosa quanto discreta, dessa expressão tão "natural" na pequena tragédia doméstica narrada pelos versos, a do marido que, após ter acendido o fogo para o jantar e esperado inutilmente o regresso da esposa, depara, ao pé do fogão, com um bilhete no qual ela lhe recomenda "apagar o fogo" porque não voltará mais para casa.

Encontro, na espontânea finura do humor de João Rubinato, o filho de imigrantes vênetos que teve a ousadia de invadir o santuário da mais "nacional" de nossas formas de expressão musical para ali afirmar-se, conquanto sob o pseudônimo abrasileirado de Adoniran Barbosa, como dos seus mais genuínos criadores, uma espécie de desforra histórica, inconsciente talvez e em todo o caso de segunda instância, daquele "carcamano" que o elitismo (rótulo detestável, mas às vezes útil) dos modernistas de 22 só soube representar com as tintas fáceis da irrisão.

Desde o vilão Pietro Pietra de "Macunaíma", passando pelos Caetaninhos, Camelas e Cav. uff., ora patéticos, ora risíveis, mas vistos sempre pelo prisma do seu "exotismo" pitoresco, de *Brás, Bixiga e Barra Funda*, até a habilidosa mas grosseira contrafação do ítalo-português macarrônico de Juó Bananére (pseudônimo de Alexandre Ribeiro Marcondes Machado) que tanto entusiasmou Otto Maria Carpeaux, sei eu lá por quê. No contraste entre a grosseria da paródia semi-erudita assinada com pseudônimo italianado e a finura do humor popularesco assinado com pseudônimo abrasileirado, há, mais do que uma distância histórica, uma lição em que talvez não seja ocioso meditar.

José Paulo Paes (1926-1998) deixou uma vasta produção textual jornalística e literária, em verso e prosa. Entre os livros publicados destacamos *De ontem para hoje* e *Transleituras*.

Discografia de Adoniran Barbosa

Além de fornecer boas pistas aos colecionadores, a lista de discos apresentada a seguir ajuda a entender alguns passos da trajetória de Adoniran. Pelas primeiras gravações que realizou, ainda na década de 1930, pode-se notar a dificuldade do compositor em se impor no cenário artístico da cidade. Isso fica claro pela quantidade de vezes em que participou de apenas uma faixa do disco. A partir da lista também se pode perceber o longo período em que ele ficou sem gravar: de 1937 a 1951. Foi durante esses anos que Adoniran se dedicou com maior afinco à atividade de ator de rádio e celebrizou alguns de seus tipos mais famosos. Nos discos da década de 1950 e início de 1960, época em que compôs suas músicas de maior sucesso, percebe-se a tentativa das gravadoras de associar a imagem do compositor, ainda desconhecido, ao personagem dos programas de rádio, então no auge da notoriedade. É o caso, por exemplo, de um compacto simples de 1962, do pequeno selo Fermata, em que a música "Segura essa mulher" aparece creditada a Charutinho e Terezoca, ambos personagens do programa radiofônico *Histórias das malocas* (Adoniran interpretava o Charutinho). Nota-se, por fim, a diversidade de gravadoras por que ele passou. Essas empresas passaram por inúmeras transformações nas últimas décadas, de modo que saber o fim que levaram pode ser útil para quem estiver em busca de algum desses discos. A Continental, atuante no Brasil desde 1943, foi comprada pela americana Warner em 1994. Os selos Todamérica e Chantecler, independentes de início, acabaram englobados pela Continental. Diversos selos pequenos, como CEME/Premier, Fermata e Som Maior incorporaram-se à RGE nos anos 1960 e 1970. A RGE, por sua vez, foi adquirida pela

Som Livre em 2000. Atualmente, toda a obra de Adoniran (além dos dois discos ao vivo produzidos por Pelão) está em poder de quatro gravadoras: Continental, Som Livre, EMI (no Brasil, Odeon e EMI-Odeon) e Eldorado.

Discos 78 rpm

1. **Columbia, 8171, fevereiro de 1936**
   - "Rumba negra", rumba (Armando Orefiche/Leo Blanc/versão de José Nicolini), matriz 3214
   - "Agora pode chorar", samba (Adoniran Barbosa/José Nicolini), matriz 3215

   "Agora pode chorar" foi reeditada em três discos: *Eles começaram assim...*, vários intérpretes (Continental, LP, 1-19-405-027, 1976); *Saudades de Adoniran*, Adoniran Barbosa e outros (Continental, LP, 2-01-404-016, 1983). *A arte do encontro: Cartola e Adoniran Barbosa* (RGE, LP, 3346060, 1991).

2. **Columbia, 8183, março de 1936**
   - "Se meu balão não se queimar", marcha (Adoniran Barbosa/ José Nicolini), matriz 3257
   - "Tristeza de São João", samba (Eratóstenes Frazão), matriz 3258

3. **Columbia, 8286, 1937**
   - "Você tem um jeitinho" (Adoniran Barbosa), matriz 3268
   - "Não me deu satisfações" (Adoniran Barbosa/José Nicolini), matriz 3269

4. **Continental, 16468, dezembro de 1951**
   - "Os mimoso colibri", marcha-rancho (Hervê Cordovil/Oswaldo Molles), matriz 11334
   - "Saudade da maloca", samba (Adoniran Barbosa), matriz 11335

   Esta primeira gravação de "Saudosa maloca" foi reeditada nos discos *Os Demônios da Garoa interpretam Adoniran Barbosa* (Chantecler, LP, 2-10-407-092, 1974) e *Saudades de Adoniran* (Adoniran Barbosa e outros, Continental, LP, 2-01-404-016, 1983).

5. Continental, 16707, abril de 1953
- "Samba do Arnesto", samba (Adoniran Barbosa/Alocin), matriz 11415
- "Conselho de mulher", samba (Adoniran Barbosa/José B. dos Santos/Oswaldo Molles), matriz 11414

6. Continental, 17173, outubro de 1955
- "Saudosa maloca", samba (Adoniran Barbosa)
- "Samba do Arnesto", samba (Adoniran Barbosa/Alocin)

7. Todamérica, TA-5850, 1958
- "Oia a polícia", xote (Peteleco/Arlindo Pinto), matriz TA-1488
- "No Morro do Piolho", samba (Peteleco/Jacob de Brito/Carlos Silva), matriz TA-1489

Peteleco, pseudônimo de Adoniran, era o nome do seu cachorro de estimação. Ambas as faixas foram reeditadas no disco *Saudades de Adoniran*, Adoniran Barbosa e outros (Continental, LP, 2-01-404-016, 1983).

8. RGE, 10081, janeiro de 1958
- "Doto Vardemá (conheço muito...)", marcha (Adoniran Barbosa/ Geraldo Blota/Raguinho), matriz RGO-496
- "Pra que chorar", samba (Peteleco), matriz RGO-497

"Pra que chorar" foi reeditada nos discos: *A arte do encontro: Cartola e Adoniran Barbosa*, álbum duplo reunindo um disco de Cartola ao vivo e uma coletânea de Adoniran (RGE, LP, 3346060, 1991); *40 anos de música* – 1957, vários (CD, RGE, 5801-2, 1996); *20 preferidas – Adoniran Barbosa* (CD, RGE, 5576-2).

9. RGE, 10093, maio de 1958
- "Pafunça", samba (Adoniran Barbosa/Oswaldo Molles), matriz RGO-679
- "Nóis não usa as bleque tais", samba (Peteleco/Tião), matriz RGO-680

Tião é pseudônimo de Gianfrancesco Guarnieri, autor da peça *Eles não usam black-tie*, da qual esta música fez parte. Ambas as faixas foram reeditadas no disco *A arte do encontro: Cartola e Adoniran Barbosa*, álbum duplo reunindo um disco de Cartola ao vivo e uma coletânea de Adoniran (RGE, LP, 3346060, 1991).

10. **CEME/Premier, CM-7778, 1959**
- "Aqui, Gerarda!", marcha (Adoniran Barbosa/Ivan Moreno/Joca), matriz CM-335
- "Juro, amor!", samba (Adoniran Barbosa/Ivan Moreno/Joca), matriz CM-336

11. **CEME/Premier, PM-151, julho de 1960**
- "Tiro ao álvaro", samba (Adoniran Barbosa/Oswaldo Molles)
- "Chora na rampa", samba (Adoniran Barbosa/Oswaldo Molles)

12. **Havana, 005, c. 1960**
- "Tustão de amendoim", marcha (Arquimedes Messina), matriz MHS-009
- "Agora vai", samba (Adoniran Barbosa), matriz MHS-010.

13. **Momo/Fermata, MO-18, 1963**
- "Onde vai, leão", marcha (Peteleco), matriz MO-18-A
- "Eu gosto dela" (Américo de Campos/Jorge Costa), matriz MO-18-B

Adoniran Barbosa, sob o pseudônimo Charutinho, é o intérprete apenas do lado A. A faixa de Adoniran está também no LP *Carnaval 1962* (Momo/Fermata, MOLP-001, 1961).

Compactos simples

1. **Momo/Fermata, MO-31, 1962**
- "Segura essa mulher", marcha (Jucata/A. Lopes), matriz MO-31-A
- "Segura o apito", marcha (Adoniran Barbosa/Oswaldo Molles), matriz MO-31-B

O lado A, "Segura essa mulher", está creditado a Charutinho e a Terezoca, dois personagens do programa *Histórias das malocas*. Ambas as faixas também foram lançadas no LP *Carnaval bossa nova* (Momo/Fermata, MOLP-002, 1962).

2. **RGE, CS-70213, julho de 1966**
- "Plac-ti-plac", samba (Peteleco/Waldemar Camargo), matriz RGO-4504
- "Já fui uma brasa", samba (Adoniran Barbosa/Marcos César), matriz RGO-4505

3. RGE, 3011036, agosto de 1972
- "Nóis viemos aqui pra quê?", marcha (Adoniran Barbosa), matriz 3011036-A
- "Acende o Candieiro", samba (Adoniran Barbosa), matriz 3011036-B

Ambas as faixas foram reeditadas no disco *A arte do encontro: Cartola e Adoniran Barbosa*, álbum duplo reunindo um disco de Cartola ao vivo e uma coletânea de Adoniran (RGE, LP, 3346060, 1991); e em *20 preferidas – Adoniran Barbosa* (CD, RGE, 5576-2).

4. Fermata, CS 016, 1972
- "Senta, senta", marcha (Adoniran Barbosa/Cachimbinho/Pingüim), matriz CS-016-A
- "Todas são boas", marcha (Cachimbinho/Wilma Camargo/ Waldyr Cardoso), matriz CS-016-B

5. EMI-Odeon, SDP-568, agosto de 1974
- "Saudosa maloca", samba (Adoniran Barbosa), matriz 568-A
- "Iracema", samba (Adoniran Barbosa), matriz 568-B

6. EMI-Odeon, S7B-874, maio de 1976
- "Envelhecer é uma arte", samba (Adoniran Barbosa), matriz SBRCO-41813
- "Nêgo Serafim", samba (Adoniran Barbosa), matriz SBRCO - 41814

Esta música foi relançada na coletânea *Prova de carinho* (EMI, LP, 064 794329-1, 1990).

7. Continental, 1-01-101-290, abril de 1978
- "Praça da Sé", samba (Adoniran Barbosa), matriz 1-01-101-290-A
- "Um samba no Bixiga", samba (Adoniran Barbosa), matriz 1-01-101-290-B

Ambas as faixas foram reeditadas no disco *Saudades de Adoniram*, Adoniran Barbosa e outros (Continental, LP, 2-01-404-016, 1983).

8. EMI, SDP-822, 1980
- "Tiro ao álvaro", samba (Adoniran Barbosa/Oswaldo Molles)

Lançamento especial para as emissoras de rádio, promovendo o LP *Adoniran e convidados*.

Compacto duplo

1. Adoniran Barbosa, RGE, CD-80220, 1965

Lado 1:
1. "Tocar na banda", maxixe (Adoniran Barbosa)
2. "Já tenho a solução", samba (Adoniran Barbosa)

Lado 2:
3. "Agüenta a mão, João", samba (Adoniran Barbosa/Hervê Cordovil)
4. "Jabá sintético", samba (Adoniran Barbosa/Marcos César)

As quatro faixas foram reeditadas no disco *A arte do encontro: Cartola e Adoniran Barbosa*, álbum duplo reunindo um disco de Cartola ao vivo e uma coletânea de Adoniran (RGE, LP, 3346060, 1991).

LPs/CDs

1. Adoniran Barbosa

LP: EMI-Odeon, SMOFB-3839, agosto de 1974
(relançado em 1978 com o número 31C 062 421104).

Lado 1:
1. "Abrigo de vagabundos" (Adoniran Barbosa)
2. "Bom dia, tristeza" (Adoniran Barbosa/Vinicius de Moraes)
3. "As mariposas" (Adoniran Barbosa)
4. "Saudosa maloca" (Adoniran Barbosa)
5. "Iracema" (Adoniran Barbosa)
6. "Já fui uma brasa" (Adoniran Barbosa/Marcos César)

Lado 2:
7. "Trem das onze" (Adoniran Barbosa)
8. "Prova de carinho" (Adoniran Barbosa/Hervê Cordovil)
9. "Acende o candieiro" (Adoniran Barbosa)
10. "Apaga o fogo, Mané" (Adoniran Barbosa)
11. "Véspera de Natal" (Adoniran Barbosa)
12. "Deus te abençoe" (Peteleco)

Produção: J. C. Botezelli (Pelão)
Arranjos: Maestro José Briamonte
Gravado em janeiro de 1974.

2. Adoniran Barbosa

LP: EMI-Odeon, SMOFB-3877, julho de 1975.

CD: EMI, 364-789726-2, agosto de 1993, na série "Dois em um", ao lado do LP seguinte, *Adoniran Barbosa e convidados*.

Lado 1:
1. "No Morro da Casa Verde" (Adoniran Barbosa)
2. "Vide verso meu endereço" (Adoniran Barbosa)
3. "Tocar na banda" (Adoniran Barbosa)
4. "Malvina" (Adoniran Barbosa)
5. "Não quero entrar" (Adoniran Barbosa)
6. "Samba italiano" (Adoniran Barbosa)

Lado 2:
7. "Triste Margarida (Samba do Metrô)" (Adoniran Barbosa)
8. "Mulher, patrão e cachaça" (Adoniran Barbosa/Oswaldo Molles)
9. "Pafunça" (Adoniran Barbosa/Oswaldo Molles)
10. "Samba do Arnesto" (Adoniran Barbosa/Alocin)
11. "Conselho de mulher (Pogréssio)" (Adoniran Barbosa/Oswaldo Molles/João B. dos Santos)
12. "Joga a chave" (Adoniran Barbosa/Oswaldo França)

Produção: J. C. Botezelli (Pelão) e Zilmar R. Araújo
Arranjos: Maestro José Briamonte
Gravado em maio de 1975.

3. Adoniran e convidados

LP: EMI-Odeon, 31C 064422868D, agosto de 1980.

CD: EMI, 364-789726-2, agosto de 1993, na série "Dois em um", ao lado do LP anterior, *Adoniran Barbosa*.

Lado 1:
1. "Fica mais um pouco, amor" (Adoniran Barbosa)
2. "Tiro ao álvaro" (Adoniran Barbosa/Oswaldo Molles), dueto com Elis Regina
3. "Bom dia, tristeza" (Adoniran Barbosa/Vinicius de Moraes), dueto com Roberto Ribeiro
4. "O casamento do Moacir" (Adoniran Barbosa/Oswaldo Molles), com o Grupo Talismã
5. "Viaduto Santa Ifigênia" (Adoniran Barbosa/Alocin), dueto com Carlinhos Vergueiro

6. "Agüenta a mão, João" (Adoniran Barbosa/Hervê Cordovil), dueto com Djavan
7. "Acende o candieiro" (Adoniran Barbosa), com o Conjunto Nosso Samba

Lado 2:

8. "Apaga o fogo, Mané" (Adoniran Barbosa)
9. "Prova de carinho" (Adoniran Barbosa/Hervê Cordovil), com Vânia Carvalho
10. "Vila Esperança" (Adoniran Barbosa/Marcos César), dueto com o grupo MPB-4
11. "Iracema" (Adoniran Barbosa), dueto com Clara Nunes
12. "No Morro do Piolho" (Peteleco/Jacob de Brito/Carlos Silva)
13. "Despejo na favela" (Adoniran Barbosa), dueto com Luiz Gonzaga Jr.
14. "Torresmo à milanesa" (Adoniran Barbosa/Carlinhos Vergueiro), com Clementina de Jesus e Carlinhos Vergueiro

Produção: Fernando Faro
Arranjos: Maestro José Briamonte
Gravado em fevereiro e março de 1980.

4. Adoniran Barbosa – documento inédito

LP: Eldorado, 86840437, 2 de junho de 1984.

CD: Eldorado, 584050, 1993.

Lado 1:

1. Participação de Adoniran Barbosa no programa *O fino da bossa*, apresentado por Elis Regina:
Prefixo de *O fino da bossa*
"Saudosa maloca" (Adoniran Barbosa), com Elis Regina
"Luz da Light" (Adoniran Barbosa), com Adoniran Barbosa
"Prova de carinho" (Adoniran Barbosa/Hervê Cordovil), com Adoniran Barbosa
"As mariposas" (Adoniran Barbosa), com Adoniran Barbosa
"Um samba no Bixiga" (Adoniran Barbosa), com Adoniran Barbosa
"Bom dia, tristeza" (Adoniran Barbosa/Vinicius de Moraes), com Elis Regina
"Trem das onze" (Adoniran Barbosa), com Adoniran Barbosa

Lado 2:

2. TV Cultura, São Paulo:
Fala de Adoniran Barbosa
"Filosofia" (Noel Rosa)
Fala de Adoniran Barbosa

3. Museu da Imagem e do Som, São Paulo:
"Samba italiano" (Adoniran Barbosa)

4. TV Cultura, São Paulo:
Fala de Adoniran Barbosa
"Iracema" (Adoniran Barbosa)
Fala de Adoniran Barbosa
"Rua dos Gusmões" (Adoniran Barbosa)

5. TV Cultura, São Paulo:
Fala de Adoniran Barbosa
"Já fui uma brasa" (Adoniran Barbosa/Marcos César)
Fala de Adoniran Barbosa
"Não quero entrar" (Adoniran Barbosa)
Fala de Adoniran Barbosa
"Gente curiosa" (Adoniran Barbosa)
Fala de Adoniran Barbosa
"Viaduto Santa Ifigênia" (Adoniran Barbosa/Alocin)

6. Museu da Imagem e do Som, São Paulo:
Fala de Adoniran Barbosa
"Véspera de Natal" (Adoniran Barbosa)

7. Arquivo de Mathilde e José Nogueira Neto:
"Armistício" (Adoniran Barbosa/Eduardo Gudin)
"Minha nêga" (Adoniran Barbosa/Carlinhos Vergueiro)
Fala de Adoniran Barbosa
"Só tenho a ti" (Adoniran Barbosa/Hilda Hilst)

8. TV Cultura, São Paulo:
Fala de Mathilde, viúva de Adoniran
"Prova de carinho" (Adoniran Barbosa/Hervê Cordovil) com
Mathilde e Adoniran
Fala de Adoniran Barbosa

5. Ao vivo

LP: RGE, 3206121, março de 1991.

CD: RGE, 1994, e Kuarup Discos, KCD-144, dezembro de 2000.

Relançado em CD com o título *Adoniran Barbosa*, pelo selo Kuarup.

Lado 1:
1. Abertura: "Trem das onze" (Adoniran Barbosa)
2. "Já fui uma brasa" (Adoniran Barbosa/Marcos César)
3. "As mariposas" (Adoniran Barbosa)
4. "Um samba no Bixiga" (Adoniran Barbosa)
5. "Samba italiano" (Adoniran Barbosa)
6. "Bom dia, tristeza" (Adoniran Barbosa/Vinicius de Moraes)
7. "Apaga o fogo, Mané" (Adoniran Barbosa)

Lado 2:
8. "Samba do Arnesto" (Alocin/Adoniran Barbosa)
9. "Despejo na favela" (Adoniran Barbosa)
10. "Uma simples Margarida (Samba do Metrô)" (Adoniran Barbosa)
11. "Viaduto Santa Ifigênia" (Alocin/Adoniran Barbosa)
12. "Iracema" (Adoniran Barbosa)
13. "Rua dos Gusmões" (Adoniran Barbosa)

Direção do show e produção do disco: J. C. Botezelli (Pelão).
Gravado em 10 de março de 1979 no Ópera Cabaré de São Paulo, com acompanhamento do Grupo Talismã.

6. Ensaio

Parte da coleção "A música brasileira deste século por seus autores e intérpretes", junho de 2000. CD e livro reproduzindo o programa *Ensaio*, da TV Cultura, sobre Adoniran Barbosa, gravado em 29 de novembro de 1972. Durante a entrevista, Adoniran canta as seguintes músicas:

1. "Saudosa maloca" (Adoniran Barbosa)
2. "Filosofia" (Noel Rosa)
3. "Dona Boa" (Adoniran Barbosa/J. Aimberê)
4. "Asa negra" (Adoniran Barbosa/Hélio Sindô)
5. "Malvina" (Adoniran Barbosa)
6. "Joga a chave" (Adoniran Barbosa/Oswaldo França)
7. "Por onde andará Maria?" (Adoniran Barbosa/Raguinho)
8. "Mãe, eu juro!" (Adoniran Barbosa/Noite Ilustrada)
9. "Samba do Arnesto" (Adoniran Barbosa/Alocin)
10. "Conselho de mulher" (Adoniran/Oswaldo Molles/João Belarmino dos Santos)
11. "As mariposas" (Adoniran Barbosa)

12. "Um samba no Bixiga" (Adoniran Barbosa)
13. "Abrigo de vagabundos" (Adoniran Barbosa)
14. "Prova de carinho" (Adoniran Barbosa/Hervê Cordovil)
15. "Vila Esperança" (Adoniran Barbosa/Marcos César)
16. "Mulher, patrão e cachaça" (Adoniran Barbosa/Oswaldo Molles)
17. "Despejo na favela" (Adoniran Barbosa)
18. "Acende o candieiro" (Adoniran Barbosa)
19. "Dondoca" (Adoniran Barbosa/Hervê Cordovil)
20. "Senta, senta" (Adoniran Barbosa/Cachimbinho/Pingüim)
21. "Seu condutor" (Alvarenga e Ranchinho)
22. "Trem das onze" (Adoniran Barbosa)

Bibliografia

ANGELO, Ivan. *85 anos de cultura* – história da Sociedade de Cultura Artística. São Paulo, Nobel, 1998.

AUGUSTO, Sérgio. *Este mundo é um pandeiro*. São Paulo, Companhia das Letras, 1989.

CABRAL, Sérgio. *Almirante* – uma história do rádio e da MPB. Rio de Janeiro, Francisco Alves, 1990.

CENNI, Franco. *Italianos do Brasil*. Belo Horizonte, Itatiaia, 1994.

FONSECA, Cristina. *Juó Bananére, o abuso em blague*. São Paulo, Editora 34, 2001.

GAMA, Lúcia Helena. *Nos bares da vida*. São Paulo, SENAC, 1998.

GOMES, Bruno. *Adoniran, um sambista diferente*. Coleção MPB. São Paulo/ Rio de Janeiro, Martins Fontes/FUNARTE, 1987.

GONÇALO Jr. *País da TV*. São Paulo, Conrad, 2001.

KRAUSCHE, Valter. *Adoniran Barbosa*. Coleção Encanto Radical. São Paulo, Brasiliense, 1985.

MATTOS, David José. *O espetáculo da cultura paulista*. São Paulo, Codex, 2002.

MORAIS, José Geraldo Vinci de. *Metrópole em sinfonia*. São Paulo, Estação Liberdade, 2000.

MUGNAINI Jr., Ayrton. *Adoniran, dá licença de contar...* São Paulo, Editora 34, 2002.

SALIBA, Elias Thomé. *Raízes do riso*. São Paulo, Companhia das Letras, 2002.

SEVCENKO, Nicolau (org.). *História da vida privada no Brasil*. vol. 3. São Paulo, Companhia das Letras, 1998.

Jornais
Diário Popular, O Estado de S. Paulo, Folha de S.Paulo, Folha da Tarde, Jornal da Tarde

Revistas
IstoÉ, Veja, Visão

Site
www.adoniranbarbosa.org.br

Créditos das imagens

Agência Estado: p. 1, 51, 76, 86-87, 99, 107, 114-115, 130-131
Arquivo pessoal de José Carlos Monteiro da Silva: p. 77, 121, 139
Museu Adoniran Barbosa: p. 8-9, 14-15, 21, 27, 33, 40-41, 59, 65, 66,
    67, 68, 69, 70, 71, 73, 74, 75, 93 (Todas as reproduções do acervo
    do Museu foram feitas por José Rangel para a Editora 34 e cedidas
    para esta edição por Aluísio Leite.)
Impressões/Impressions, de Elifas Andreato (Curitiba, Grupo Bamerindus,
    1993): p. 72

Não foi possível identificar a autoria de muitas das fotos publicadas neste livro, perten-
centes ao acervo do Museu Adoniran Barbosa ou a arquivos particulares. Localizados
os fotógrafos, a editora se dispõe a creditá-los imediatamente nas próximas edições.

*A editora agradece a colaboração de Maria Helena Rubinato Ro-
drigues de Souza, filha de Adoniran, que fez uma valiosa e atenta
leitura dos originais.*

OUTROS LANÇAMENTOS DA BOITEMPO

TROPICALISMO – decadência bonita do samba
Pedro Alexandre Sanches

OS DONOS DA VOZ – mundialização da cultura e indústria fonográfica no Brasil
Márcia Tosta Dias

LINHAGENS DO PRESENTE – ensaios
Aijaz Ahmad
Tradução de Sandra Vasconcelos

AFINIDADES SELETIVAS
Perry Anderson
Tradução de Paulo Castanheira
Seleção e apresentação de Emir Sader

DUAS TARDES – e outros encontros silenciosos
João Anzanello Carrascoza

COM PALMOS MEDIDA – terra, trabalho e conflito na literatura brasileira
Organização de **Flávio Aguiar**; ilustrações de **Enio Squeff**; prefácio de **Antonio Candido**

GERAÇÃO 90: manuscritos de computador
Nelson de Oliveira (org.). Contos de Marçal Aquino, Fernando Bonassi, Cíntia Moscovitch, Luiz Ruffato, Rubens Figueiredo, Marcelo Mirisola e outros

BAUDELAIRE
Theóphile Gautier
Tradução de Mário Laranjeira
Apresentação e notas de Gloria Carneiro do Amaral

NAPOLEÃO
Stendhal
Tradução de Eduardo Brandão
Apresentação de Renato Janine Ribeiro

ANITA
Flávio Aguiar
Prêmio Jabuti de Melhor Romance 2000

TERPSÍCORE
Machado de Assis
Prefácio de Davi Arrigucci Jr.

CANUDOS — palavra de Deus, sonho da terra
Benjamim Abdala e Isabel Alexandre (orgs.) Ensaios de Renato Janine Ribeiro, Walnice Galvão, Francisco Foot Hardman e outros

Este livro foi composto em Rotis Serif, 11/13,2, e impresso em couché fosco 90 g/m² na gráfica Forma Certa para a Boitempo Editorial.